Langendorf / Wulffius · In München fing's an

Ernst Langendorf – Georg Wulffius

In München fing's an

Presse – Parteien – Rundfunk

GÜNTER OLZOG VERLAG – MÜNCHEN

CIP-Kurztitelaufnahme der Deutschen Bibliothek

Langendorf, Ernst:
In München fing's an : wie 1945 Presse, Parteien u. d.
Rundfunk zugelassen wurden / Ernst Langendorf ;
Georg Wulffius. – München : Olzog, 1985
ISBN 3-7892-7270-1
NE: Wulffius, Georg:

Umschlagentwurf: Beate C. Eberle, München.
Gesamtherstellung Hieronymus Mühlberger, Augsburg.

Inhalt

Vorwort

Daß nach 40 Jahren zwei Zeitzeugen aus ihren Unterlagen schöpfen und aus lebendiger Erinnerung an damalige Ereignisse, die immerhin von erheblicher zeitgeschichtlicher Bedeutung sind, der nächsten Generation berichten können, wie es damals zuging, macht den Reiz dieses Buches aus.
Ernst Langendorf und Georg Wulffius begegneten sich 1945. Jeder nahm mit den Möglichkeiten seiner Funktion unter der amerikanischen Besatzungsmacht am Wiederaufbau des deutschen politischen und publizistischen Lebens in München teil. Seither sind Langendorf und Wulffius Freunde und gemeinsam im Internationalen Presse-Club in München seit vielen Jahren tätig. Ernst Langendorf hat 1945 nicht nur als erster Amerikaner auf dem Marienplatz in München gestanden, sondern vor allem erlebt, wie es zu den ersten Zeitungslizenzen kam, wie mühsam es sein konnte, einem Lizenzträger zu seinem »Glück« zu verhelfen. Die Kapitel 1 und 2 sind seine Beiträge, während alle anderen von Georg Wulffius stammen, der das Menschliche und Unbürokratische im parteipolitischen Erststadium im Stadtbereich München festgehalten hat. Darüber hinaus berichtet Wulffius über die ersten Phasen der parteipolitischen Entwicklung in Bayern. In seinen Berichten findet der Leser jenen dramatischen Ablauf der einzigen gesamtdeutschen Ministerpräsidentenkonferenz, zu der Hans Ehard als Bayerischer Ministerpräsident nach München eingeladen hatte.
Wulffius führt uns zurück in die Anfangsjahre des Bayerischen Rundfunks, in dem er bald eine feste Bleibe fand. Mit einem Abstecher nach Geiselgasteig, in die Filmstadt vor München, wird der Gang durch die ersten Nachkriegsjahre, in denen die Währungsreform des Jahres 1948 eine wesentliche Zäsur brachte, beendet.

Was hier mit dem häufigen örtlichen Bezug auf München in Erinnerung rufen oder den Kindern und Enkeln der Bürger von 1945 mitgeteilt wird, hat natürlich zeitgeschichtliche Bedeutung weit über die bayerische Landeshauptstadt hinaus.

München, im Herbst 1985 Günter Olzog

1. In München einmarschiert – ohne Munition im Karabiner

Der 30. April 1945 war ein kalter grauer Tag. Schnee hing in der Luft. Wir waren seit zehn Stunden unterwegs. In den ersten Morgenstunden waren wir mit zwei Wagen, einem Jeep mit Anhänger und einem sogenannten Aufklärungswagen, von Schwäbisch Gmünd aus aufgebrochen mit dem Ziel München. Auf den Fahrzeugen war mit weißer Ölfarbe die Bezeichnung unserer Einheit aufgemalt: PWB – CPT – HQ 7th Army. Das bedeutete: Psychological Warfare Branch, Combat Propaganda Team, Headquarters, 7th Army. Diese beiden Wagen, mit einer Gruppe von acht Mann besetzt, hatte der Zufall dazu ausersehen, als erste amerikanische Militärfahrzeuge auf dem Marienplatz in München einzutreffen.

In der Nacht hatten wir in den Meldungen des amerikanischen Soldatensenders (AFN) gehört, daß amerikanische Einheiten der 7. Armee in die Vororte Münchens eingedrungen seien. Gleichzeitig berichtete BBC von dem Aufstand einer Freiheitsgruppe. Ich gehörte zu einer kleinen Abteilung, die dem Hauptquartier der 7. Armee angeschlossen war, operativ jedoch dem alliierten Oberkommando unterstand. Unsere Aufgabe bestand darin, im Operationsbereich der 7. Armee die sogenannte »Kampfpropaganda« durchzuführen. Wir waren mit einer fahrbaren Druckerei und mit Radio- und Lautsprechergeräten ausgerüstet. Diese Einrichtungen gestatteten es uns, in kurzer Frist Hunderttausende von Flugblättern herzustellen, die dann entweder durch Flugzeuge oder eine besondere Art von Granate über gegnerische Truppeneinheiten oder auch über Dörfer und Städten gestreut werden konnten. Mit den Radioanlagen konnten wir, über kilometerweite Entfernungen, uns an die deutschen Truppen, die uns gegenüberstanden, wenden und sie zum Aufgeben auffordern. Unseren letzten Einsatz hatten wir bei Gemünden am Main erlebt.

Für den »Vorstoß« auf München wurde nur eine kleine, aus drei

Offizieren und fünf Unteroffizieren bestehende Gruppe ausgewählt, deren Aufgabe darin bestand, festzustellen, in welchem Zustand sich die großen Druckereien und die Sendeanlagen von München befanden. Gleichzeitig sollten wir Material sammeln für einen Bericht über den Aufstand der Freiheitsgruppe und möglichst mit ihren Führern in Verbindung treten, um sie zu interviewen.
Mir war bei dieser Expedition die Hauptrolle zugedacht, da ich außer einem Chauffeur, der waschechtes Schwäbisch sprach, der einzige war, der die deutsche Sprache beherrschte. Außerdem hatte ich behauptet, mich in München recht gut auszukennen.

Durch Pasing zur Hauptkampflinie

Die Fahrt nach München nahm viel mehr Zeit in Anspruch als vorgesehen war. Wir versuchten, die Autobahn zu benutzen, mußten aber wegen zahlreicher gesprengter Brücken und vieler anderer Hindernisse oft auf von Truppentransporten verstopften Nebenstraßen vorwärtskriechen und auch querfeldein unseren Weg nach Süden suchen. Bei Augsburg war die Lechbrücke gesprengt, und es gab noch keine Umgehungsmöglichkeit. Wir mußten durch die Stadt Augsburg fahren und benutzten dann die Straße über Fürstenfeldbruck nach München, die mit Militärfahrzeugen aller Art verstopft war.
Gegen drei Uhr nachmittags kamen wir durch Pasing, wo schon viel amerikanisches Militär und eine geschäftig-aufgeregte Bevölkerung auf den Straßen zu sehen war. Wir fuhren ohne zu halten durch, da wir es eilig hatten. Die Landsberger Straße war gesperrt, aber die Brücke, die über die Eisenbahngleise führt, (die Friedenheimer Brücke) war intakt. Auf der Brücke saß ein amerikanischer Soldat mit dem Abzeichen der 3. Division am Ärmel. Er ließ uns ruhig passieren. Wir ahnten nicht, daß dieser Soldat mit seinem Maschinengewehr der vorgeschobenste Posten der »Hauptkampflinie« am westlichen Stadtrand von München war. Wir fuhren auf der Wilhelm-Hale-Straße, die damals ein

schlechter Feldweg war, auf die Arnulfstraße zu. Im Gegensatz zu dem belebten Straßenbild in Pasing waren der Steubenplatz und die Arnulfstraße vollkommen menschenleer. Weder ein Militärfahrzeug noch ein Soldat oder irgendeine lebendige Seele waren zu sehen. Diese Stille und Menschenleere kam uns merkwürdig vor. Wir waren schon durch viele andere eroberte Städte gekommen, und das Bild war immer das gleiche: Massen von Truppen, Militärfahrzeuge, Posten an allen Straßenecken und vor wichtigen Gebäuden, die ganze Zivilbevölkerung auf den Beinen, um sich das fremde Heerlager anzuschauen.

Der erste Münchner – lacht

In dem angeblich schon seit 24 Stunden »eroberten« München war nichts von alledem zu sehen. Uns schien das nicht ganz geheuer, und wir fuhren in langsamem Tempo, eifrigst nach einem Menschen ausschauend, die Arnulfstraße stadteinwärts weiter. Plötzlich gewahrten wir in einer Seitenstraße einen Zivilisten, der beim Anblick unserer Fahrzeuge erstaunt stehen blieb. Wir hielten an. Ich sprang vom Jeep und ging auf den Zivilisten zu, der sich, als ich mich ihm näherte, vor Lachen kaum noch halten konnte. Ich fragte: »Warum lachen Sie denn?« Er antwortete in echtem Bayerisch: »I' frei mi halt, weil's da seids.« Ich fragte weiter: »Ja, haben Sie denn noch keinen amerikanischen Soldaten und kein amerikanisches Fahrzeug gesehen?« – »Na«, sagte er, »Sie san die allerersten. Jetzt is aus mit dem damischen Krieg.«
Mir wurde nun klar, was die Menschenleere und die Stille bedeuteten: Wir waren die ersten auf dem Wege nach dem Zentrum der noch unbesetzten Stadt München. Verdutzt sah ich mich um und wollte zu dem Wagen zurückgehen, um mit meinen Kameraden zu beraten, was nun zu tun sei. Da sah ich in einer Entfernung von etwa 100 Metern vor einem großen Gebäude (der Reichspostdirektion) eine Gruppe von Leuten stehen, mit Uniformen bekleidet, die mir unbekannt waren. Sie waren unbewaffnet und

sahen friedlich aus. Ich nahm meinen Karabiner unter den Arm (allerdings hatte ich keine Munition dabei, die in der Eile des Aufbruchs am frühen Morgen vergessen worden war. Sie war auch höchst überflüssig samt dem Karabiner.) Als ich noch etwa 20 Meter von der Gruppe entfernt war, hoben die Uniformierten die Hände in die Höhe. Einer trat vor und sagte: »Hiermit übergeben wir die Reichspostdirektion. Alle Waffen sind eingesammelt und stehen zu Ihrer Verfügung.« Ich war aber zunächst nur daran interessiert zu erfahren, was im Zentrum der Stadt los sei und ob es ratsam sei, die Fahrt in die Innenstadt mit unserer wenig kampffähigen Truppe fortzusetzen. Der Sprecher der Gruppe versicherte uns, daß sich kein deutsches Militär mehr in der Stadt befinde, höchstens noch SS im Zentralministerium an der Ludwigstraße. Aber es seien seit etwa zwei Tagen keine Schüsse mehr gefallen, und er nehme an, daß alles ruhig sei. Nach den Berichten dieser Männer waren amerikanische Truppen an verschiedenen Stellen nur bis an die äußeren Bezirke der Stadt vorgedrungen.

Wir erkundigten uns noch rasch, in welchem Zustand sich die Studios und Sendeanlagen von Radio München befanden. Da wir es mit Postleuten zu tun hatten, bekamen wir auch sofort die genaueste Auskunft. Ein Beamter (ich glaube namens Führer), den ich am nächsten Tage noch einmal in seinem Büro aufsuchte, versicherte uns, daß alles in Ordnung sei; nur die Kabelverbindung zwischen den Studios am Rundfunkplatz und den Sendetürmen in Erding sei infolge einer Brückensprengung unterbrochen. Wir beschlossen, auf einen Besuch der Studios am nahe gelegenen Rundfunkplatz zunächst zu verzichten und zu versuchen, so schnell wie möglich in die Innenstadt zu kommen. Die Chance, die ersten zu sein, wollten wir nicht verpassen.

So fuhren wir weiter, am Bahnhof und am Justizpalast vorbei über den Stachus und durch das Karlstor. Auch auf dieser ganzen Strecke war kein Mensch zu sehen. Alles war leer und verlassen. Ich hatte mir ein bescheidenes Ziel gesetzt: die Stadt zu durchqueren und mindestens bis an das Ufer der Isar zu gelangen. Aus einem fast zwanzig Jahre zurückliegenden Besuch in München

war mir noch dunkel im Gedächtnis, wie man dahin gelangte. Wenn wir uns verirren sollten, so wollte ich nach dem Deutschen Museum oder dem Maximilianeum fragen, die, wie ich noch wußte, direkt an den Isarbrücken liegen mußten.
Als wir in die Kaufinger Straße einbogen, sahen wir plötzlich einen grau-grün uniformierten Polizisten, der, als er unseren Wagen erblickte, blitzschnell kehrt machte und mit riesigen Sprüngen in einer Seitenstraße verschwand. Ich sagte dem Chauffeur, er solle schneller fahren und in die übernächste Seitenstraße einbiegen, um so vielleicht den Flüchtenden, von dem wir nur eine Auskunft haben wollten, einzuholen. Die Ausführung dieses »strategischen« Planes brachte unsere Fahrzeuge direkt auf den Domplatz und vor das Polizeipräsidium. Dort standen etwa 30 uniformierte Polizisten, alle unbewaffnet, die beim Anblick der Wagen die Hände erhoben. Ein Offizier trat vor und meldete, daß sich das Polizeipräsidium ergebe und daß alle Waffen eingesammelt seien und zur Verfügung ständen.
Ein Polizist berichtete, daß auf einem der Türme der Frauenkirche eine weiße Fahne aufgezogen gewesen sei, daß sich aber ein Hitlerjunge in den Turm eingeschlichen und die Fahne wieder heruntergeholt habe. Einige Polizisten hätten versucht, ihn zu erwischen, um ihm, wie sie sagten, den Hintern zu versohlen, aber er sei entwischt. Weiter wurde uns versichert, daß in der Stadt alles ruhig sei und daß keinerlei Kampfaktionen mehr erwartet würden.

Quartier »Zum Ewigen Licht«

Dann fuhren wir zum Marienplatz, der völlig verlassen dalag. Sobald wir angehalten hatten, um das Rathaus von außen zu betrachten, tauchten aber schon die ersten Menschen auf. Sie blieben zunächst in respektvoller Entfernung stehen. Gespenstischerweise füllte sich dann in wenigen Minuten der Platz mit Hunderten von Menschen. Die Wagen wurden fast gestürmt. Interessiert betrachteten die Menschen unsere Fahrzeuge, andere betasteten den Stoff unserer Uniformen und lobten seine Qualität, Mädchen fielen uns um den Hals, und das »Verbrüderungsverbot« wurde gründlich übertreten. Unsere Wagen wurden mit Osterprimeln und Forsythien geschmückt. Es herrschte eine recht fröhliche Stimmung. Überall hörte ich: »Jetzt ist's vorbei« – »Jetzt ist's aus« – »Jetzt können wir wieder schlafen« – »Jetzt kommen keine Flieger mehr«. Ein alter Herr in Trachtenjoppe und Lederhose faßte plötzlich meinen Arm und versuchte, mir etwas in die Hand zu drücken. Es war ein alter Silbertaler, den er mich bat, als Erinnerung an den Tag der Befreiung von ihm anzunehmen. Dummerweise lehnte ich aber ab und sagte: »Behalten Sie ihn, vielleicht können Sie ihn noch einmal gut brauchen.«

Wir hielten uns nur etwa eine halbe Stunde auf dem Marienplatz auf, da ich darauf drängte, meinen »Durchmarschplan« zur Isar durchzuführen. Inzwischen hatte ich mich auch orientiert, wie man am besten dorthin kommt. Wir hatten vor, durch die Dienerstraße, Residenzstraße, am Odeonsplatz vorbei über die Ludwigstraße und Prinzregentenstraße an die Isar zu gelangen und dann die Isar aufwärte zu fahren bis zum Deutschen Museum, um dann in die Stadt zurückzukehren und uns nach Quartieren umzuschauen.

Aber diese Stadtrundfahrt kam nicht zur Ausführung. Als wir unsere Fahrzeuge besteigen wollten, näherte sich mit großem Gerassel ein Panzerspähwagen, der mit Soldaten der 45. Infanteriedivision besetzt war. Sie waren die Vorhut ihrer Einheit, die offiziell das Rathaus besetzen und die Übernahme der Stadt vollziehen sollte. Die Offiziere und Soldaten dieser Truppe waren keineswegs freundlich, als sie ihre »Konkurrenz« schon mitten auf dem Rathausplatz erblickten. Sie betrachteten uns feindseliger und mißtrauischer als die Bevölkerung, die sich eben hatte erobern lassen. Wir waren nicht daran interessiert, uns in Diskussionen und Erklärungen über unseren inoffiziellen und programmwidrigen Einmarsch zu ergehen und versuchten weiterzufahren. Als wir in die Dienerstraße einbogen, stellte sich uns die Bevölkerung entgegen, um uns dringendst zu warnen, weiterzu-

fahren, da sich im Zentralministerium in der Ludwigstraße noch ein Haufen SS-Leute verschanzt habe. Wir beschlossen, die Warnungen nicht in den Wind zu schlagen und auf kriegerische Abenteuer zu verzichten. Wir kehrten um und fuhren zurück zum Steubenplatz, wo wir beschlossen, uns für die Nacht einzuquartieren. Wir klingelten an verschiedenen Haustüren in der Wendl-Dietrich-Straße. Entweder wurde nicht geöffnet oder, wenn jemand an der Tür erschien, fuhr er beim Anblick der Stahlhelme tragenden Soldaten zurück. Es wurde uns überall bedeutet, daß die Wohnungen zu klein und überbelegt seien. Schließlich kamen wir nach einigen Verhandlungen mit dem Inhaber der Gastwirtschaft »Zum Ewigen Licht« überein. Er zog mit seiner Familie eine Treppe höher, und wir quartierten uns in seiner Wohnung ein. Zunächst war man über die unangemeldeten Gäste nicht sehr erfreut, aber noch im Laufe des Abends war uns die Familie des Gastwirts bei der Zubereitung unseres Abendessens in der großen Wirtsküche behilflich.
So verbrachte ich meine erste Nacht in München (nicht ahnend, daß ich für vierzig Jahre fast ununterbrochen bleiben sollte), in einem kleinen Zimmer im ersten Stock des Hauses, in dem sich noch heute die Gastwirtschaft »Zum Ewigen Licht« befindet. Neben meinem Bett stand eine zusammengerollte Hakenkreuzfahne.
In der Nacht vom 30. April zum 1. Mai fiel Schnee. In der Ferne grollte noch deutlich vernehmbar Kanonendonner. Hier und da hörte man auch Gewehr- und Maschinengewehrschüsse. Am nächsten Morgen lag der Schnee fast 10 Zentimeter hoch. Auch merkten wir, daß wir nicht mehr allein waren. In den großen Wohngebäuden gegenüber hatte sich in der Nacht eine starke amerikanische Einheit einquartiert. Sie hatte eine große Zahl amerikanischer Offiziere dabei, die aus einem Kriegsgefangenenlager bei Moosburg befreit worden waren. Einer dieser Offiziere, ein junger Leutnant, bat uns, sich unserer kleinen Gruppe anschließen zu dürfen und bot seine Dienste als Chauffeur an.
Auf dem Wege in die Stadt inspizierten wir die Studios von Radio München, wo schon eine amerikanische Wachabteilung eingezo-

gen war. In den Studios lagen SS-Uniformstücke, Waffen und Handgranaten. Die Beschädigungen am Gebäude waren aber nur geringfügig, und die Studioeinrichtungen befanden sich in brauchbarem Zustand.
Einer unserer nächsten Besuche galt den Führerbauten auf dem Königlichen Platz. Hier hatten wir schon einige Mühe, ohne besondere Papiere hineinzukommen, da alle Eingänge von amerikanischen Posten bewacht wurden. Aber wir kamen hinein. Wir wanderten von Büro zu Büro auf der Suche nach Papieren und Dokumenten, die wir für unseren Bericht verwenden konnten. Aber es war gründlich geräumt worden. Die meisten Büros waren leer, die Schränke und Schreibtische standen offen. Hier und da hingen »Goldfasanen« – Uniformstücke, hier und da lagen noch einige Papiere herum. Vor allem unbenutzte Briefbogen des »Führerhauptquartiers«, der »Reichsleitung der NSDAP«, von »Reichsschatzmeister Schwarz«, »Reichspressechef«, Visitenkarten von Bormann und anderen Nazigrößen.
Im Büro des »Führers« war kein Stück Papier zu finden. Ich nahm den Telefonhörer ab und war erstaunt, festzustellen, daß der Apparat noch funktionierte. Ich wählte eine zufällige mehrstellige Ziffer. Am anderen Ende klingelte es. Dann meldete sich eine verängstigt klingende männliche Stimme: »Ja, wer da?« Ich sagte in tiefem, Hitlers Stimme nachahmenden Ton: »Hier spricht Adolf Hitler!« Der Gesprächspartner blieb stumm.
In dem Büro des Reichspressechefs lag auf dem Schreibtisch ein Bogen Papier, der mit Bleistift halb beschrieben war. Es war der Anfang eines Leitartikels, der nie fertig geschrieben und nie veröffentlicht worden ist. Er begann mit den Worten: »Während diese Zeilen geschrieben werden, tobt der Krieg in unserem Land. Der Donner der feindlichen Kanonen dröhnt vom Norden herüber. Wie schwierig die Kampflage auch sein mag, noch ist Grund zur Hoffnung . . .« Die Hoffnung wurde mit Andeutungen über das Vorhandensein geheimnisvoller Waffen begründet und mit Anzeichen eines Zerwürfnisses unter den Alliierten.
In einem anderen Büro befand sich die Korrespondenz von Frau Gerda Troost mit Armeestellen, die sich hauptsächlich mit

Reklamationsgesuchen, mit Anforderungen von Material, Gold, Diamanten, Pergament usw. befaßte. (Frau Troost war anscheinend die Leiterin des Büros, das die künstlerische Anfertigung der Ritterkreuze mit Diamanten und der Verleihungsurkunden unter sich hatte.) Die Dokumentenbeute in dem Führerbau war denkbar gering.

In Hitlers Privatwohnung und beim General von Epp

Auf den Straßen von München, auf denen sich der Schnee inzwischen in Matsch verwandelt hatte, ging es an diesen ersten Tagen recht lebhaft zu. In vielen Geschäften in der Neuhauser- und Kaufingerstraße wurde geplündert. Ich selbst trieb eine Gruppe von Plünderern mit meinem Karabiner aus einem Schuhgeschäft in der Neuhauserstraße. In der Dachauer Straße kamen uns Dutzende von Leuten entgegen, die entweder ein riesiges Rad von Schweizer Käse vor sich her durch den Schneematsch rollten oder ein Viertel- oder halbes Rad auf den Schultern nach Hause trugen. In der Inneren Wiener Straße, wo wir in der Bäckerei Scharnagl nach dem früheren (und später wieder eingesetzten) Oberbürgermeister Scharnagl nachforschen wollten, aber vor verschlossenen Rolläden standen, war ein großer Menschenauflauf. Wir hielten an. In den Kellern einer Weinhandlung ging es lebhaft zu. Das Klirren von zerbrechenden Flaschen, das dumpfe Geräusch von Schlägen auf Weinfässer und wüstes Geschrei drang durch die Kellerlöcher. Leute liefen mit Eimern, Töpfen, Flaschen und anderen Gefäßen, die mit Wein gefüllt waren, durch die Straße, und es war nicht möglich, einen nüchternen Menschen zu finden. Da nahte sich ein Jeep der Militärpolizei. Ich hielt ihn an und machte die drei Polizisten auf die Plünderung im Keller aufmerksam. Sie lachten mich aus und sagten nur: »Let them have a good time after so many years of war.« Da ich gewahr wurde, daß auch die Militärpolizisten selbst recht weinselig waren und ein Fäßchen auf ihrem Jeep liegen hatten, gab ich meine Bemühungen auf.

Wir versuchten, den Weg nach der Mauerkircherstraße zu erkunden. Ein Betrunkener schwang sich auf die Kühlerhaube und erbot sich, uns zu führen. Voll des billigen Weines, hatte er große Mühe, links und rechts zu unterscheiden, und es war gar nicht leicht, ihn wieder loszuwerden. Wir gelangten dennoch in die Mauerkircherstraße, wo wir der Villa des Generals von Epp, des Reichsstatthalters, einen Besuch abstatten wollten. In dem Hause befand sich nur der Diener (ich glaube mit Namen Berger), der außerordentlich gesprächig war und uns erzählte, wie vielen Herren er in dem gleichen Hause schon gedient hatte. Nach dem Verbleiben von Ritter von Epp befragt, erklärte er uns, daß sein Herr schon vor zwei Tagen nach einem telefonischen Anruf das Haus verlassen habe und nicht mehr zurückgekehrt sei. Er versicherte uns auch, daß General Epp zu »95 Prozent immer gegen die Nazis gewesen ist« und von den Nazis »Rosenkranzgeneral« genannt wurde. Die hohen Nazis, so versicherte uns der Diener weiter, seien selten zu Ritter von Epp zu Besuch gekommen. Hitler sei nie dagewesen und der frühere Stabschef Lutze und der Gauleiter Giesler nur einmal. Während der letzten Monate sei Epp nur selten in der Villa gewesen, da er sich in einer Ausweichstelle bei Starnberg aufgehalten habe. Am Samstag (28. April) in den frühen Morgenstunden sei ein Telefonanruf gekommen von jemand, der seinen Namen nicht nennen wollte. Der Anrufer bat, Herrn von Epp mitzuteilen, daß zwei Generäle sich der Freiheitsbewegung angeschlossen hätten und daß alles in bester Ordnung sei.

Diesen ersten Tag in München schlossen wir mit einem Besuch in Hitlers Stadtwohnung am Prinzregentenplatz ab. Es war eine bescheidene Wohnung in einem unmodernen Bürgerhaus, an der Ecke der Grillparzerstraße gelegen. Die Einrichtung war nicht besonders geschmackvoll, aber teuer und solid. Breite Klubsessel und eine breite Couch, mit dunkelrotem Velour überzogen, füllten das Wohnzimmer. Das Schlafzimmer, in einem einfachen bürgerlichen Stil eingerichtet, war offenbar für eine Dame bestimmt. Ich hörte später, daß es Eva Brauns Schlafzimmer war, das wir besichtigt hatten.

Am nächsten Tag machten wir uns auf den Weg, um die Sendeanlagen von Radio München in der Nähe von Erding zu besichtigen. Der Weg dorthin war nicht einfach zu finden. Viele Brücken waren gesprengt, und wir irrten endlos lang in der flachen Gegend zwischen Kanälen und auf schlechten Feldwegen herum, bis wir schließlich über den Damm eines der Stauwerke zu unserem Ziel gelangten. Unterwegs entdeckten wir noch eine Kompanie Landser, die sich ihrer Waffen schon entledigt hatten und hinter einem großen Heustadel darauf warteten, »überrollt« zu werden. Wir rieten ihnen, ein Handtuch an eine Stange zu binden und mit dieser Fahne in Richtung Ismaning zu marschieren, wo schon amerikanische Truppen lagen.

Was sollen die 500 000 Münchner essen?

Die Sendeanlagen bei Ismaning waren schon von einer Einheit amerikanischer Panzertruppen (von der 14. Division, die von Osten her auf München zu marschiert war) besetzt worden. Wir stellten fest, daß sich die technischen Anlagen in gebrauchsfähigem Zustand befanden. Das wurde uns von einem der dort anwesenden höheren technischen Beamten, Herrn Dr. Wolf, ausdrücklich bestätigt. Mehrere leitende technische Beamte und eine große Gruppe weiblicher Hilfskräfte in Postuniform wurden dort von den Amerikanern in den Dienstwohnungen bewacht. Auch trafen wir drei Mann von der Dolmetscherkompanie, die zu der Gruppe gehört hatte, die während des Aufstandes die Aufgabe gehabt hatte, die Sendeanlagen in Erding zu besetzen. Sie hatten sich nach dem Gegenangriff der SS in der Nähe versteckt und sich dann den anrückenden Amerikanern gestellt. Sie waren alle drei in München beheimatet, und am folgenden Tag erreichte ich im Hauptquartier der 7. Armee ihre Entlassung.
Während der nächsten Tage, die wir noch in München verbrachten, besuchten wir den inzwischen eingesetzten Oberbürgermeister Dr. Stadlmayer. Er sprach uns von seiner Hauptsorge, die darin bestand, für eine Bevölkerung, die er auf etwa 500 000

schätzte, die Lebensmittel für die nächsten Tage zu beschaffen. Das war sicher keine leichte Aufgabe, und wir konnten die Menschen nur bewundern, die sich bereit erklärt hatten, sie zu übernehmen.

In der Küche der Wirtschaft »Zum Ewigen Licht«, wo wir abends um den großen Herd saßen, verfaßten wir einen Bericht über diese Zustände, den wir beim Stab der Sechsten Armeegruppe, der sich im Haus der Kunst befand, abgaben. Ob er etwas genutzt hat, weiß ich nicht.

2. Zeitung nur auf Lizenz

Vom Rundfunkplatz aus konnte nicht mehr gesendet werden. Das Kabel, das den Rundfunkplatz mit den Sendeanlagen in Ismaning verband, war bei einer Brückensprengung mit hochgegangen. Aber draußen bei den Sendern selbst konnte man senden. Das Kabel konnte sehr schnell repariert werden.

Die Druckerei des »Völkischen Beobachters« in der Schellingstraße war nur leicht beschädigt. Als ich dort ankam, sagte mir der technische Leiter, ich könne sofort eine Zeitung drucken. Ich müsse nur sagen, welche. Ich sagte: »Nein. Drucken Sie vorerst nur ein kleines Schild, daß dieses Gebäude von der 7. Amerikanischen Armee requiriert ist. Betreten streng verboten.« Dann fragte er mich, ob er seine Pistole behalten dürfe. Es sei doch jetzt so unsicher auf der Straße. Die habe ich ihm gleich abgenommen.

Das Verlagshaus der »Münchner Neuesten Nachrichten« in der Sendlinger Straße war schwer beschädigt. In den Heizungskellern hausten einige Redakteure. Das Wasser lief von den Wänden. Alles war in einem sehr schlechten Zustand. Wir haben damals geschwankt, welche von diesen beiden Druckereien wir wieder in Betrieb nehmen sollten.

Nach der deutschen Kapitulation am 8. Mai 1945 wurden viele amerikanische Soldaten in die Heimat zurückgeschickt. Andere wurden für Besatzungsaufgaben ausgewählt. Ich hatte Glück. Da ich als »München-Spezialist« galt, wurde ich nach München versetzt. Anfang Juni 1945 kam ich zu meiner neuen Einheit nach München. Aufgrund des Militärregierungsgesetzes Nr. 191 war es verboten, irgendwelche Zeitungen, Zeitschriften oder Bücher zu drucken, Filme zu produzieren oder Radiosendungen zu veranstalten, wenn sie von der Militärregierung nicht ausdrücklich genehmigt, das hieß »lizenziert«, waren. Die Lizenzierung war Aufgabe der verschiedenen Abteilungen unserer Einheit, die einen furchtbar langen Namen hatte: »6870 District Information Services Control Command«, abgekürzt DISCC.

»Radio Munich«, wie es damals hieß, war ein Sender der Militärregierung und wurde von Amerikanern geleitet. Auf unsere Veranlassung brachte der Sender eine Meldung, die besagte, daß alle Personen, die an der Herausgabe von Zeitungen, Zeitschriften oder Büchern interessiert seien, sich an unser Büro in der Renatastraße wenden sollten. Da bildeten sich bald lange Schlangen von Interessenten, darunter auch Dr. Josef Müller, der »Ochsensepp«, sowie Freiherr von Aretin. Aber nur wenige genügten unseren Anforderungen. Wer Mitglied einer der Gliederungen der NSDAP gewesen war oder an einer Zeitung oder Zeitschrift während der Nazizeit gearbeitet hatte oder sonstwie belastet war, schied von vornherein aus. Nur wer eine absolut reine Weste hatte, konnte in Betracht gezogen werden. Natürlich waren uns auch berufliche und praktische Erfahrung im Zeitungswesen wichtig. Der Personenkreis, der für die engere Wahl in Frage kam, war außerordentlich klein. Wir mußten lange suchen. Die Presseoffiziere waren ständig mit dem Jeep kreuz und quer durch Bayern unterwegs, um allen Hinweisen auf mögliche Kandidaten nachzugehen. Aus England, Frankreich und der Schweiz holten wir ehemalige Journalisten aus der Emigration zurück. Alle mußten die riesigen Fragebögen ausfüllen, deren Angaben von unserer eigenen »Intelligence Section« und oft auch noch von dem CIC (Counter Intelligence Corps) nachgeprüft wurden. Von uns wurden die Kandidaten in langen Unterhaltungen befragt, geradezu ausgequetscht. Wir wußten dann schon, wen wir vor uns hatten, wo er politisch stand und wie er seine Zeitung gestalten wollte. Die Bewerber mußten ihre Vorstellungen und Absichten genauestens darlegen. In einzelnen Fällen mußten sie sich sogar einem besonderen psychologischen Test unterziehen. Bis Anfang 1946 gab es in Bad Homburg eine Art Oberaufsichtsgremium, dem wir einen »licencing report« vorlegen mußten. Dort wurde nochmals geprüft. Manchmal gab es Einwände oder Anregungen. Die zu lizenzierenden Zeitungen sollten absolut unabhängig und überparteilich, die »Lizenzträger«, wie wir sie nannten, in jeder Beziehung vertrauenswürdig sein. Denn zu keiner Zeit gab es in der US-Zone eine Vorzensur. Trotz aller Prüfungen blieben uns viele Enttäuschungen nicht erspart.

Wenn schließlich die langwierige Suche nach geeigneten Kandidaten erfolgreich und die Entscheidung gefallen war, mußte das nächste schwierige Problem gelöst werden: Für den Lizenzträger mußte eine betriebsfertige Druckerei in der betreffenden Stadt gefunden werden, denn keine der von uns ausgewählten Personen war je im Besitz einer Zeitungsdruckerei. Komplizierte, rechtliche Probleme mußten gelöst werden. Oft war uns bei den Verhandlungen mit den Vorbesitzern nicht sehr wohl, weil wir in fremde Eigentumsrechte eingreifen mußten, um Druckverträge abzuschließen oder Übereignungen vornehmen zu können. Am einfachsten war es noch, wenn die ins Auge gefaßte Druckerei der NSDAP oder einem nationalsozialistischen Gauverlag gehörte, obwohl es auch da Auseinandersetzungen mit den Vorbesitzern gab. Das Problem der Druckereien, die wir den Lizenzträgern verschafften, hat uns noch jahrelang beschäftigt, selbst noch nach Auflösung der Militärregierung.
Es sollte keine Parteizeitungen geben. Selbst als die Parteien schon lizenziert waren, durften sie noch keine eigenen Zeitungen herausgeben. Die Amerikaner nahmen ihre eigene Presse als Vorbild. Sie wollten die Gesinnungspresse der Weimarer Republik nicht wieder aufleben lassen.
Die anderen Besatzungszonen hatten ein anderes System. Besonders in der britischen Zone hat man absichtlich parteinahe Leute genommen, ohne daß allerdings die Parteien selbst die Lizenz bekamen.
Die Parteizeitungen kamen erst wieder sehr viel später. 1949 war dann der Zug für sie abgefahren, weil sich die neuen Zeitungen schon am Markt etabliert hatten.
Die Parteiführer standen also Schlange bei uns, aber wir konnten ihnen keine Lizenz geben. Sie durften nur kleine Mitteilungsblätter, Nachrichtenblätter unpolitischer Natur, herausgeben.
Am Beispiel der »Süddeutschen Zeitung«, die die erste Lizenz bekam, will ich erzählen, auf welch verschlungenen Pfaden wir oft die Lizenzträger fanden. Zufälle haben dabei fast immer eine große Rolle gespielt.
Zufällig fiel bei einem Gespräch in Garmisch, bei dem es eigent-

lich um eine illegale Zeitungsgründung ging, der Name Hausenstein. Da spitzte ich die Ohren. Der Name war mir ein Begriff. Wilhelm Hausenstein war Feuilletonmitarbeiter der renommierten »Frankfurter Zeitung« gewesen, und ich lebte ja vor 1933 lange Jahre in Frankfurt. Ich fragte sofort, wo der stecke. In Tutzing am Starnberger See, erfuhr ich. Sogar die Straße wurde uns angegeben. Auf dem Rückweg von Garmisch nach München sind wir dann noch in Tutzing vorbeigefahren. Weil noch Ausgangssperre herrschte, war kein Mensch auf der Straße. Aber eine Krankenschwester, die Nachtdienst hatte, zeigte uns den Weg. Abends um zehn Uhr kamen wir bei Hausenstein an. Wir fragten ihn, ob er Lust habe, in München Verleger einer neu zu gründenden Zeitung zu werden. Er fühlte sich sehr geehrt, lehnte aber ab, weil er gesundheitlich nicht auf der Höhe sei. Er wolle sich diese Verantwortung nicht mehr aufladen. Aber er empfahl uns Dr. Franz Josef Schöningh, den ehemaligen Schriftleiter der Kultur-Zeitschrift »Hochland«, die 1941 von den Nazis endgültig verboten worden war. Der lebte in einer Jagdhütte am Starnberger See. Eine Woche später trafen wir ihn in Hausensteins Haus zu einer Vorbesprechung und kamen mit ihm ins Geschäft.
Eines Tages hörten wir, daß Wilhelm Hoegner aus dem Exil nach München zurückgekehrt sei. Er wohnte damals in einer winzigen Pension am Siegestor. Dort haben wir ihn aufgesucht und gefragt, ob er interessiert wäre, Verleger einer neuen Zeitung zu werden. »Ach nein«, antwortete er. »Wissen Sie, meine Herren, ich habe mein ganzes Leben in der Politik gesteckt, und sobald es möglich ist, werde ich mich auch wieder in die Politik begeben. Aber ich kann Ihnen jemand empfehlen, den Herrn Goldschagg.« Edmund Goldschagg war bis 1933 Politischer Redakteur der sozialdemokratischen »Münchner Post« gewesen. Hoegner hatte während seines Exils mit ihm korrespondiert und konnte uns Goldschaggs letzte Adresse in Freiburg geben.
Am nächsten Tag fuhren wir nach Freiburg. Die Straße, die uns Hoegner angegeben hatte, existierte überhaupt nicht mehr. So sind wir also eine Stunde durch Freiburg geirrt. Jeden, der uns

entgegenkam, haben wir nach Herrn Goldschagg gefragt. Und wieder ein Zufall! Wir treffen den Chef des Einwohnermeldeamtes auf der Straße. »Ja«, sagt der, »der Goldschagg sitzt in der Verteilungsstelle für Lebensmittelkarten beim Landratsamt. Wenn ich darf, führe ich Sie hin.«

Wir trafen Edmund Goldschagg in einem kleinen, dunklen Nebenzimmer mit einem großen Haufen grüner Lebensmittelkarten vor sich. Wir stellten uns vor. »Wir möchten mal mit Ihnen reden wegen einer Zeitung in München.« Er war sehr zögernd. »Wissen Sie«, sagte er, »an die Zeit in München habe ich so schlechte Erinnerungen. Meine Zeitung ist damals von der SA gestürmt worden, und ich habe mich mühselig durchgeschlagen.« Bei seinem Bruder, der in Freiburg eine Druckerei hatte, arbeitete er als Maschinensetzer. »Ich muß das alles erst ausführlich mit meiner Frau besprechen. Außerdem: Wo soll ich denn wohnen in München? Wovon soll ich denn leben?« – »Aber hören Sie, wenn wir Sie nach München holen, dann brauchen Sie sich doch um so etwas nicht zu kümmern!« Trotzdem bat er um vier Wochen Bedenkzeit.

Wir waren von Goldschagg ein bißchen enttäuscht. Wenn ein Mann, dem eine solche Chance in den Schoß gelegt wird, so zögert, dann ist der für uns vielleicht doch nicht der Richtige. Wenn wir nach unserer Rückkehr in München irgend jemand anderen gefunden hätten, wir wären nie mehr nach Freiburg zurückgekommen. Aber wir fanden niemand.

Vier Wochen später war ich wieder bei ihm. Und er sagte zu. Ja, er habe sich mit seiner Frau besprochen. Er werde annehmen. In München haben wir ihm eine Wohnung requiriert. Er war dann von Anfang an bei den Beratungen über den Aufbau der »Süddeutschen« dabei.

Im Juli 1945 gab es die erste Zusammenkunft des zukünftigen Verlags- und Redaktionsstabes: Das waren Edmund Goldschagg als Schriftleiter für Politik und Wirtschaft, Dr. Eugen Müller, der ehemalige Chefredakteur der »Münchner Neuesten Nachrichten«, Dr. Franz Josef Schöningh, Schriftleiter für Kulturpolitik und Feuilleton, und August Schwingenstein als Verlagsleiter.

(Auf Dr. Müller wurde später verzichtet.) Aber bevor es ans Drucken der Zeitungen gehen konnte, mußten noch ungeheure Schwierigkeiten aus dem Weg geräumt werden. Das vorgesehene Verlagsgebäude des ehemaligen Verlags Knorr & Hirth an der Sendlinger Straße war so gut wie vollkommen zerstört. Große Mengen von Schutt mußten beiseite geschafft werden, um die Büros überhaupt wieder verwenden zu können. Nach der Überreichung der Lizenz Nr. 1 an die drei Lizenzträger Goldschagg, Schöningh und Schwingenstein und einem Festakt im Hof des Verlagsgebäudes, konnte Oberst MacMahon, der Chef der Information Control Division bei der amerikanischen Militärregierung, die Rotationsmaschine in Betrieb setzen. Vorher war der im Verlag des »Völkischen Beobachters« aufgefundene Stehsatz von Hitlers »Mein Kampf« symbolisch eingeschmolzen worden. Die erste Nummer der »Süddeutschen Zeitung« erschien am 6. Oktober 1945 in einer Auflage von 357000 Stück. Das war für damalige Verhältnisse sehr viel. Wir haben dann sogar noch auf 410000 erhöht. Aber Papier war knapp. Am Anfang erschien die »Süddeutsche« nur zweimal pro Woche mit ursprünglich vier, später sechs Seiten.

Der vierte Lizenzträger der »Süddeutschen«, Werner Friedmann, kam erst später dazu. Friedmann war nach der Kapitulation in britischer Kriegsgefangenschaft. Eigentlich wollten ihn ja die Engländer wegen seines journalistischen Backgrounds für sich behalten. Aber wir hatten auch gehört, wie er unter den Nazis zu leiden hatte. So haben wir mit den Engländern verhandelt, und Friedmann wurde nach München entlassen. Wir haben ihn dann zum Lokalredakteur in der »Süddeutschen Zeitung« gemacht.

1946 kam Herr Friedmann in mein Büro: »Hören Sie mal, die ganzen Leute in der ›Süddeutschen‹, das sind doch eigentlich gar keine richtigen Journalisten. Der Schöningh war bei dieser katholischen Zeitschrift ›Hochland‹, der Schwingenstein hat Heimatschnulzen vertrieben und Goldschagg war zwar bei der ›Münchner Post‹, aber . . . Wirkliche Journalisten sind das nicht. Aber solange ich da keine Lizenz habe, habe ich dort auch nichts zu sagen. Wie wär's mit einer Lizenz für mich?« Ich fand das ein

bißchen schwierig, wo doch schon drei da waren. Ich kam dann auf die Idee, die Lizenzträger sollten mir einen Brief schreiben, in dem sie darum baten, Herrn Friedmann noch eine Lizenz zu erteilen. Es dauerte gar nicht lange, da kam Friedmann mit diesem Brief. Da konnten wir ihn nachlizenzieren. So kam er im Juni 1946 zu seiner Lizenz.
Bis zur Währungsreform 1948 war die Papierversorgung ein großes Problem. So zum Beispiel in Regensburg. Die Druckerei war in tadellosem Zustand. Einen einwandfreien Lizenzträger, Esser, hatten wir auch. Aber es war überhaupt kein Rotationspapier da. Überall haben wir rumgefragt. Von einem Angestellten, der während des Krieges in der Druckerei gearbeitet hatte, bekamen wir dann einen Tip. Die Nazis hätten in den letzten Kriegstagen eine ganze Menge von Papierrollen ausgelagert. Irgendwo nach Oberfranken, in eine Felsenhöhle, in der die Brauer früher ihr Bier kühlten.
Wir haben das Dorf und die Höhle dann auch tatsächlich gefunden. Da gab's noch nicht einmal eine Bahnstation. Wir haben dort zwei Ochsengespanne requiriert. Damit wurden die Rollen zur nächsten Bahnstation transportiert. Amerikanische Pioniere haben das Zeitungspapier dann mit einem Waggon nach Regensburg gebracht.
Wir mußten das knappe Papier an die verschiedenen Zeitungen verteilen. Jedes Vierteljahr wurde die Kontingentierung vorgenommen. Das war immer ein furchtbarer Kampf unter den Verlegern um ihre Papieranteile, denn alle wollten sich in ihren Verbreitungsgebieten immer mehr ausbreiten. Meistens konnten sie sich selbst nicht einigen. Wir trafen dann die letzte Entscheidung. Es waren keine politisch motivierten Entscheidungen. Wir haben uns rein an sachlichen Gesichtspunkten orientiert. Wir kannten uns ja einigermaßen aus. Landauf, landab sind wir in den ersten Jahren mit dem Jeep quer durch Bayern gefahren. Der Jeep war damals ein Kommunikationsinstrument erster Ordnung. Telefone gab es nicht, oder sie waren kaputt. Der öffentlicher Verkehr lag völlig am Boden.
Die Stadtverwaltungen, nicht nur in München, wollten dann auch

eine Möglichkeit haben, die Bevölkerung über die Ausgabe von Lebensmittelkarten, Ausgangssperren usw. zu informieren. Wir waren damals nur sehr widerstrebend bereit, so etwas zu gestatten. Aber wir sahen die Notwendigkeit ein. Der »Münchner Stadtanzeiger« war ein ganz einfaches Informationsblatt ohne politischen Hintergrund. Deshalb unterlag es auch nicht der Lizenzierung. Da wurde einfach eine Druckgenehmigung erteilt.
Von unserem Hauptquartier kam dann 1946 die Anregung, in München eine zweite Zeitung zu lizenzieren. Erstens war aus Gründen der Konkurrenz für eine so große Stadt ein zweites Blatt nötig. Competition war das amerikanische Prinzip. Und zweitens war meinen Vorgesetzten die »Süddeutsche Zeitung«, damals jedenfalls, zu konservativ. Die zweite Zeitung sollte ein schmissiges, liberales Blatt werden. Es sollte am Nachmittag erscheinen, wie in Amerika die afternoon papers.
Unser Kandidat für dieses Blatt war Josef Ackermann, der für die Stadtverwaltung den »Stadtanzeiger« redigierte. Aber er winkte ab. Ihm sei das Risiko, das Wagnis zu groß. Er wolle lieber auf seinem städtischen Posten mit Pensionsansprüchen bleiben.
Am 13. November 1946 wurde als zweite überparteiliche Zeitung in München der »Münchner Mittag« lizenziert. Hans Heinrich wurde Verlagsdirektor. Peter A. Stern, den ich aus Paris hatte kommen lassen, wurde zweiter Lizenzträger und Chefredakteur. Er hatte vor dem Krieg im Saarland die ausgezeichnet gestaltete und redigierte Wochenzeitung »Westland« herausgegeben.
Bei der Lizenzübergabe veranstalteten wir immer eine kleine Feier, bei der Oberst MacMahon und ich kurze Ansprachen hielten. Auch Stern hielt eine Rede, und dabei merkten wir, daß er beim Sprechen Schwierigkeiten hatte. Wenige Tage später wurde er schwerkrank. Am 3. April 1947 starb er in einem Sanatorium in Garmisch an multipler Sklerose.
Am 18. September 1947 wurde Dr. Felix Buttersack, der Chefredakteur von Radio Munich war, neuer Chefredakteur und Lizenzträger des »Münchner Mittag«.

Die Mittagsausgabe einer Tageszeitung hatte in München aber keine Tradition. Die Idee schlug nicht ein. Und so bekam Buttersack von uns ab dem 1. Januar 1948 die Erlaubnis, den »Mittag« in »Münchner Merkur« umzubenennen und ihn auch als Morgenzeitung erscheinen zu lassen.
Anfang 1948, also noch vor der Währungsreform, entstand in unserem Büro die Idee, eine Presseausstellung auf die Beine zu stellen. Das war übrigens die erste Ausstellung, die nach dem Krieg in München stattgefunden hat. Die Ausstellungshallen waren noch zerstört. Alles mußte schnell wieder hergerichtet werden. Und um das Ganze attraktiver zu machen, planten wir eine Presseausstellung auf internationaler Basis. Amerikaner, Engländer und Franzosen dafür zu gewinnen, war kein Problem. Auch die Schweiz und Österreich waren gerne bereit, bei dieser Idee mitzuwirken. Werner Friedmann hat bei den Vorbereitungen ganz engagiert mitgearbeitet.
Aber war eine solche Ausstellung für ein breites Publikum überhaupt interessant genug? Nur irgendwelche Zeitungen an die Wand zu hängen, ist doch für das allgemeine Publikum nicht von Interesse. Vielleicht nur für ein paar Journalisten. Irgend etwas mußten wir uns also noch einfallen lassen. Und da kamen wir mit Friedmann auf die Idee, draußen in den Ausstellungshallen einen richtigen Zeitungsbetrieb aufzubauen. Mit Setz- und Rotationsmaschinen, mit Redaktionsräumen, Fernschreiber, Telefon und allem, was dazugehört.
Das war eine furchtbare Arbeit. In Trostberg haben wir eine Rotationspresse beschlagnahmt. Woanders wurden mehrere Setzmaschinen requiriert, ab- und wieder aufgebaut. Die Rotationspresse stand mitten in der Halle, und da konnte man beobachten, wie eine Zeitung entsteht: von der einlaufenden Nachricht, über den Redaktionstisch, zur Setzmaschine und von da zur Rotationspresse. Das Blatt, das da täglich produziert wurde, hieß ganz einfach »Tageszeitung«. Gegen Ende der Ausstellung, im Juni 1948, kam Friedmann zu mir und fragte, ob es keine Möglichkeit gäbe, die Zeitung in irgendeiner Form am Leben zu erhalten. Wenn er die Lizenz bekäme, würde er die Zeitung zur

gemeinnützigen Einrichtung machen. Die Profite der Zeitung sollten ausschließlich zur Ausbildung journalistischen Nachwuchses benutzt werden. Die Idee hat mir imponiert. Und auch die amerikanischen Kollegen, die viel Erfahrungen mit Stiftungen hatten, waren sehr angetan. Berlin gab grünes Licht für dieses Experiment.

Aber woher sollten wir das Papier nehmen? Die bayerischen Verleger schalteten auf stur und waren nicht bereit, Teile ihres Kontingents zur Verfügung zu stellen. Ich war schon drauf und dran zuzugeben, daß das Experiment gescheitert war, da kam aus Berlin die Nachricht: »20 Tonnen Rotationspapier von der ›Neuen Zeitung‹ für München.« Auf Vorschlag von Friedmann wurde die Tageszeitung dann in »Abendzeitung« umbenannt.

Die Gemeinnützigkeit ist dann allerdings sehr bald unter den Tisch gefallen. Und aus dem Werner-Friedmann-Institut wurde die Deutsche Journalistenschule, die heute mit Zuschüssen des Bundes, der Verleger und der Rundfunkstationen finanziert wird.

3. Die Parteigründungen – erste Erfahrungen

Der Herbst 1945 lastete mit den furchtbaren Nachkriegsfolgen schwer auf der Münchner Bevölkerung, die sich in einer fast aussichtslosen Situation um Unterkunft und Ernährung, um Arbeitsmöglichkeiten und Familienzusammenführung, um die soziale Eingliederung der Vertriebenen und die Heimkehr der Kriegsgefangenen rund um die Uhr sorgte. Dazu kam noch die Entnazifizierung auf der einen und die Wiedergutmachung für die Verfolgten des »Dritten Reiches« auf der anderen Seite. So die Szenerie von 1945.
Wer weiß heute noch um folgende Zahlen und Mengen bei der Lebensmittelzuteilung an Erwachsene – an die Normalverbraucher: Im Spätherbst 1945 gab es innerhalb von 4 Wochen pro Erwachsenen 800 Gramm Fleischwaren, 400 Gramm Fett, 125 Gramm Käse, 600 Gramm Nährmittel und 500 Gramm Zucker. In den Monaten nach Kriegsende gab es für das gesamte Jahr 1945 nur 13 Stück Eier. Und noch eine Zahl: Die tägliche Zuteilung an weißem Mehl betrug ganze 1 Gramm. Der Schwarzmarkt blühte. Es wurde getauscht. Ein Goldring brachte etwa einen Sack Zucker ein. Und diesen Sack Zucker brauchte man für einen Anzugstoff usw.

Die Sowjets wollten nicht warten

Verständlich, daß bei solchen Verhältnissen des alltäglichen Lebens die Lust nach parteipolitischen Aktivitäten fürs erste nicht sehr groß gewesen ist. Es gab deutsche Stimmen, die die Amerikaner baten, nicht so schnell Parteien zuzulassen. Dr. Josef Müller, der spätere 1. Landesvorsitzende der CSU, vertrat in Gesprächen mit der Militärregierung die Auffassung, »es müsse sich erst einmal alles setzen. Wichtig sei vor allem, daß die deutschen Kriegsgefangenen heimgekehrt sind. Dann erst könne man an die Lizenzierung von Parteien gehen«. Es gab amerikanische Offiziere, die Dr. Müller recht gaben. Über Nacht jedoch war eine neue Situation eingetreten, und zwar durch die sowjetische Militärregierung in Karlshorst bei Berlin. Die Sowjets wollten nicht warten. Und so begannen sie im Spätsommer 1945 mit der Lizenzierung der Parteien. Die Ost-CDU, die SPD und die Liberal Demokratische Partei wurden ins Leben gerufen. Die Amerikaner und Engländer, wie auch die Franzosen mußten sich dazu entschließen, die Steuerung der politischen Entwicklung nicht nur den Sowjets zu überlassen. Und so gab die US-Militärregierung über Radio Munich – Vorläufer des Bayerischen Rundfunks – bekannt, daß ab sofort Anträge auf die Lizenzierung von Parteien gestellt werden könnten.

Nur auf Stadt- oder Landkreisbasis

Bei der Verlesung dieses Textes wurde immer wieder betont, daß es sich bei der Lizenzierung nur um eine Zulassung auf Stadt- und Landkreisbasis handele. Die Lizenzierung mußten 25 Sponsors – also Bürger – beantragen. Jeder Sponsor hatte einen Fragebogen einzureichen. Es handelte sich um den in die Geschichte eingegangenen Bogen mit 131 Fragen, die vor allem Auskunft über die Tätigkeit während des »Dritten Reiches« geben sollten.

Lizenziert wurden in München: die Kommunistische Partei am 1. November 1945, die Sozialdemokratische Partei am 17. November 1945, die Demokratische Union (diese Gruppe hielt sich nur ein paar Wochen) am 26. November 1945, die Liberaldemokratische Partei (so hieß bis Ende 45 die FDP) am 30. November 1945, die Christlich-Soziale Union am 5. Dezember 1945 und die Wirtschaftliche Aufbau-Vereinigung am 8. Dezember 1945. Die Bayernpartei wurde erst 1946 gegründet.

Dr. Dr. Dr. Keller

»Gestatten Sie, mein Name ist Dr. Dr. Dr. Hans Keller. Ich bin Vertreter der Rockefeller-Stiftung und möchte gern die Lizenz für eine Völkerrechtspartei beantragen.« Das war im September 1945. Dr. Dr. Dr. Hans K. E. L. Keller war der erste, der sich in den 3. Stock des stark beschädigten Rathauses begeben hatte. Die Abteilung »Historial Information und Political Intelligence« hatte Räume zum Marienhof erhalten. In einem dieser Zimmer stand nun Dr. Dr. Dr. Keller vor Capt. John F. Tully, 30 Jahre alt, Reserve-Offizier und Sohn einer reichen Industriellenfamilie in New York. Mit deutscher Geschichte und Politik hatte sich der sympathische und liebenswürdige John F. Tully eigentlich nur wenig abgegeben. Mehr als 12 Worte Deutsch konnte er nicht verstehen.

Da stand Dr. Dr. Dr. Keller vor dem waschechten Amerikaner, der mir ins Ohr flüsterte, dieser Herr übertreibe wohl mit den drei Doktor-Titeln. Tully ließ sich aber schnell davon überzeugen, daß man in Deutschland immer wieder Menschen antreffen könne, die mehrfache Doktoren sind. Tully fragte mich: auch sechs? Spaßeshalber nickte ich. Tully schüttelte den Kopf.

Dr. Dr. Dr. Keller unterstrich mit Nachdruck, daß alle deutschen Parteien 1933 versagt hätten. Aus diesem Grunde gelte es, eine neue Form politischer Parteien zu finden. Deshalb eine »Völkerrechtspartei«. Oft und lange sprachen Tully und Keller miteinander. Der amerikanische Captain gab dem Münchner Völkerrechtler zu verstehen, daß Sprechen allein nicht viel nütze. Keller solle die Voraussetzungen für die Lizenzierung schaffen. Das hätte aber viel Schreibarbeit, viel Lauferei und Besprechungen mit Gesinnungsfreunden bedeutet. Die verlangten Voraussetzungen wurden nicht erfüllt. Eine Völkerrechtspartei wurde nicht lizenziert. Später – in den 50er Jahren – saß Dr. Dr. Dr. Keller für die »Freie Wählerschaft« im Münchner Stadtrat. Es war eine 1-Mann-Fraktion.

25 Bürgen

Die Militärregierung war fest entschlossen, die Parteien-Lizenzen nur solchen Leuten in die Hände zu geben, die Adolf Hitler weder gefolgt waren, noch den braunen Diktator unterstützt hatten. Deshalb der große Bogen mit 131 Fragen, bei deren Beantwortung mancher ins Schwitzen gekommen ist, weil die wahre Aussage persönliche Nachteile nach sich ziehen konnte. In unserer Abteilung HIPI spielte noch ein anderer Gegenstand, ein Buch – 30 mal 50 Zentimeter im Ausmaß und etwa 10 Pfund schwer – eine besondere Rolle. »Wanted Persons« stand auf diesem Werk, das in einem Panzerschrank aufbewahrt wurde.

Meine amerikanischen Vorgesetzten gaben mir zu verstehen, daß diesem Buch eine Kartei zugrunde gelegen sei, mit deren Zusammenstellung man in Washington 1936 begonnen habe. In diese kamen Namen, Titel und Stellungen hinein, die in den nationalsozialistischen Presse-Organen (»Völkischer Beobachter«, »Der Stürmer« und »Das Schwarze Korps«) enthalten gewesen sind. Der Arbeitsmethode entsprechend wurden manchmal nur Vor- und Zunamen erfaßt. Adressen fehlten oft. So mußte das streng verwahrte Super-Buch »Wanted Persons« (Gesuchte, man kann auch sagen NS-verdächtige Personen) zu Verwechslungen führen. Das bekamen auch die Kommunisten am 1. November 1945 zu spüren.

Für eine parteipolitische Lizenz waren 25 Bürgen (Sponsors) notwendig. Drei von ihnen galten sozusagen als Sprecher. Die Vergangenheits-Durchleuchtung erfolgte sehr gründlich. Jede Antragsgruppe hatte auch ein Parteiprogramm vorzulegen, das das politische Bekenntnis offenbaren sollte. Die Amerikaner waren nicht willens, »eine Katze im Sack zu kaufen«. Ins Englische übersetzt, wurden die Parteigrundsätze eingehend studiert. Bei der Vergangenheits-Durchleuchtung spielten auch der CIC (Counter Intelligence Corps) und die Special Branch eine wichtige Rolle. Ehemalige Nazis sollten unter keinen Umständen wieder die Gelegenheit bekommen, in einem neuen Gewand Parteipolitik zu betreiben. Die Greuel, die während des »Dritten Reiches« begangen worden sind, waren sichtbare Zeichen in der Kulisse, vor der die Parteien-Lizenzierung erfolgte.

4. Lizenz Nr. 1 für die KPD

Ist Dr. Hans Keller an Körpergröße Captain John F. Tully gewachsen gewesen, so war Bruno Goldammer, der 1. Sekretär der Kommunistischen Partei in Bayern, ein kleines, aber sehr lebhaftes Männlein. Goldammer, der seine Emigrationsjahre während des »Dritten Reiches« in der Schweiz verbracht hatte, wartete als geschulter Kommunist oft mit Aussprüchen von Marx, Engels und Lenin zu passenden und unpassenden Gelegenheiten auf.

Dieser gebürtige Sachse – er war in Chemnitz geboren – trug in den Herbstmonaten 1945 einen braunen Ledermantel und war bei seinen Gesinnungsfreunden der »Hansdampf in allen Gassen«. Goldammer konnte ein gutes Abitur vorweisen – verstand es, Capt. Tully manchmal in Verlegenheit zu bringen. So vor allem, wenn er auf die sowjetisch-amerikanische Kriegsbrüderschaft anspielte. Tully war antikommunistisch erzogen worden. Daraus machte er auch in München keinen Hehl. Trotzdem imponierten ihm die organisatorischen Fähigkeiten, dieses schnelle Wiederzusammenfinden der Kommunisten. Außerdem darf man nicht vergessen, daß die Kommunisten zum größten Teil schwer verfolgt worden sind, in KZs saßen oder emigrieren mußten. Sie waren für die Amerikaner kompromißlose Gegner der Nazis.

Rasch hatte Bruno Goldammer die 25 ausgefüllten Fragebogen der Parteigründer auf den Tisch von Tully gelegt. Und mit pfiffigen Augen meinte er schmunzelnd in sächsischem Dialekt: »Na, wie ham wir das gemacht?« Die KPD hatte als erste Partei alle Unterlagen beisammen. Bruno Goldammer drängte nun auf die Aushändigung der Lizenz, die dann die erste große Parteiveranstaltung ermöglichen würde, die er schon bis ins einzelne durchorganisiert hatte.

Ein Herr Dr. Kroth

Die amerikanischen Offiziere gingen an die Auswertung der KP-Unterlagen. Es schien alles glattzugehen, da tauchten plötzlich mit Dr. Kroth, einem der Sponsors, der später in der Düsseldorfer KP-Zentrale als einer der wichtigen Ideologen wirkte, ernste Probleme auf. Was war geschehen? Die Amerikaner waren baff. Sie hielten es nicht für möglich: Da benennen die Kommunisten einen Mann, der bei Reichsleiter Fiehler, dem NS-Oberbürgermeister von München gearbeitet hatte, nie verfolgt wurde, ja im Kriege sogar Auslandsreisen machen konnte. Tully rief die führenden KP-Leute ins Rathaus.

Der spätere Stadtrat Hirsch schilderte die mysteriösen Umstände: Dr. Kroth wollte als Student der KPD beitreten. Die Kommunisten erkannten in Kroth einen überdurchschnittlich begabten jungen Mann. Sie verlangten von ihm, in die Hitlerjugend einzutreten, um über Vorgänge bei den Nazis berichten zu können. Kroth folgte dem Befehl und landete schließlich bei Fiehler. Die Amerikaner waren nicht gleich zu überzeugen. Was hätte denn Herr Kroth gemacht, so ihre Frage, wenn die Nazis geblieben wären. Hat Kroth nicht auf zwei Schultern getragen, wollte man wissen. Hirsch verpfändete seinen Kopf. Dr. Kroth sei das trojanische Pferd der Kommunisten bei den Nazis gewesen. Er habe der KP große Dienste geleistet. Gut, meinte schließlich Capt. Tully. Sollte aber herauskommen, daß diese Geschichte um Kroth nicht der Wahrheit entspreche, dann »lassen wir Sie alle einsperren«. Kroth war im Herbst 1945 als Staatssekretär im bayerischen Wirtschaftsministerium vorgesehen gewesen. Aus den erwähnten Gründen zerschlug sich jedoch dieser Plan. Bruno Goldammer atmete auf, als ihm mitgeteilt wurde, daß er am Freitag, dem 2. November 1945, die Lizenz für die Kommunistische Partei abholen könne. Das KP-Wiesel, den später ein ehemaliger deutscher Kommunist als Feigling charakterisierte, schüttelte Capt. Tully die Hand, rief einem deutschen Angestellten zu »Sie sind heute schon mein Gast« und eilte die Rat-

haustreppe hinunter. Am Freitag, dem 2. November 1945, war der KP-Sekretär pünktlich um 10 Uhr vormittags zur Stelle.
Etwas gefiel ihm nicht am »Hallo« des Captains, der eine ernste Miene aufgesetzt hatte und absolut keine Anstalten machte, aus seiner Schublade die von den Kommunisten so heiß ersehnte Lizenz herauszuholen und sie Goldammer zu überreichen. Das Gegenteil trat ein. Tully offenbarte Goldammer, daß Komplikationen eingetreten seien und er am Nachmittag wiederkommen solle. Mit einem Stoßseufzer versuchte der KP-Funktionär den amerikanischen Captain umzustimmen: Alles sei doch schon vorbereitet. So sei das Prinzregententheater, in dem die Gründungsfeier stattfinden sollte, für Sonntag, 11. November, bereits bestellt. Das Jammern nützte nichts. Grübelnd und ohne Lizenz trat Goldammer auf die naßkalte Weinstraße: Was war dazwischengekommen?

Namensgleichheit

Am Nachmittag wurde Goldammer die Sachlage erläutert. Im Buch »Wanted Persons«, stand ein Ludwig W., ein Mann, der sich unter den Sponsors befand. Goldammer standen die Haare zu Berge. Ludwig W. ein Nazi? Ausgeschlossen. Die »wanted person« sei doch ein aufrechter Antinazi gewesen und habe Jahre im KZ verbracht. Zur gleichen Stunde, da Goldammer um die Lizenz im Rathaus rang, lief schon die Rotationsmaschine der Süddeutschen Zeitung. In der Sonntagsausgabe – die SZ erschien damals nur 3mal wöchentlich – sollte auf der ersten Seite bereits die Nachricht über die Lizenzierung der KPD in München erscheinen. Auch die Feier im Prinzregententheater war in dieser Nummer bereits angekündigt.
Capt. Tully gab mir den Auftrag, in die SZ zu gehen, um den Artikel über die KP-Lizenzierung aus der Ausgabe herauszunehmen bzw. die Maschine stoppen zu lassen. Auch Goldammer kam in den Färbergraben. Auf einem Hocker stehend, sprach er zu den Druckern: »Die KPD steht. Alles ist ein Mißverständnis. In ein bis zwei Stunden ist alles aufgeklärt.« Und so war es auch.

Ludwig W. wurde von zu Hause abgeholt und zur CIC gebracht. Dort stellte sich heraus, daß lediglich eine reine Namensgleichheit vorgelegen hatte. Noch am Abend konnte Goldammer die Lizenz in Empfang nehmen. Die Rotationsmaschine der SZ durfte wieder laufen. Der KP-Sekretär hatte seine Aufgabe erfüllt. Damals konnte er noch nicht ahnen, daß er eines Tages als Chefredakteur des Ostberliner Senders zu 25 Jahren Zwangsarbeit in Sibirien verurteilt werden würde, weil er angeblich während seiner Schweizer Emigrationszeit für den amerikanischen Geheimdienst gearbeitet haben soll.

Einige der Sponsors haben wegen des Moskauer Einflusses bald die KPD verlassen, um in der SPD zu wirken. So auch der spätere Staatssekretär im Bayerischen Wirtschaftsministerium Georg Fischer, der in den 60er Jahren dem Münchner Stadtrat angehört hat und stellvertretender Unterbezirksvorsitzender der SPD gewesen ist. Von den Parteigründern lebt noch Richard Scheringer*, der jetzt für die DKP Propaganda macht. Gestorben sind: der Nachkriegs-Staatssekretär Ludwig Ficker (Innenministerium), Hugo Ehrlich, der Journalist Karl Feuerer, Fritz Sperling, Max Holey und der erste Entnazifizierungsminister Heinrich Schmitt.

Schmitt ist es gewesen, der am 11. November 1945 die Hauptrede im Prinzregententheater gehalten hat. Zur Gründungsfeier der KPD in München hatten in den ersten drei Reihen auch hohe amerikanische Offiziere Platz genommen. Vor diesen Köpfen spielte das Bayerische Staatsorchester. Volles Haus. Auch in den Gängen stand man Kopf an Kopf. Die Feier wurde nach draußen übertragen. Unter den Zuhörern sah man auch Vertreter der

* Scheringer hat einen bewegten Lebenslauf. Der heute 81jährige wurde in Aachen geboren. Als Leutnant der Reichswehr wurde er 1930 vom Reichsgericht wegen NS-Propaganda und Hochverrat verurteilt. In der Haft auf der Festung Gollnow wandelte er sich zum Kommunisten. Als »Roter Bauer« auf seinem Dürrnhof bei Ingolstadt machte er nach dem Zweiten Weltkrieg, den er als Artillerieoffizier erlebt hatte, im Köschinger Gemeinderat Politik. Von 1946 bis 1950 gehörte Scheringer als KPD-Abgeordneter dem Bayerischen Landtag an. Der frühere Reichswehroffizier, Nationalsozialist und spätere Kommunist lernte 22 Gefängnisse, Zuchthäuser und Lager kennen.

Bayerischen Staatsregierung und der Landeshauptstadt. Auffallend viele Akademiker waren zugegen, als Bruno Goldammer meinte, daß eine Aktionsgemeinschaft mit der SPD bevorstehe. Als das Staatsorchester zu Beginn die Egmont-Ouvertüre erklingen ließ und zuletzt die Neugründer die Internationale sangen, ahnte noch niemand, daß eines Tages die KPD in der Bundesrepublik verboten werden würde.

5. Lizenzierung der SPD ohne Probleme

Vor das Rathauszimmer, in dem sich die Abteilung »Historical Information and Political Intelligence« befand, war eine Bank hingestellt, auf der am 17. Oktober 1945 saßen: Bayerns damaliger Ministerpräsident Dr. Wilhelm Hoegner, Bürgermeister Thomas Wimmer (er wurde erst später Oberbürgermeister), der erste Fraktionsvorsitzende der SPD im Stadtrat, Gottlieb Branz, und Max Almer, der dann über zwei Jahrzehnte Sekretär des SPD-Bezirks Oberbayern bzw. Südbayern gewesen ist.

Schon gleich nach der Befreiung vom nationalsozialistischen Joch waren die Sozialdemokraten bemüht, die SPD wieder ins politische Leben zu rufen. Man traf sich im städtischen Altersheim in der Mathildenstraße und im Büro, das sich in der Goethestraße befand. In eiskalten Zimmern kam man zusammen, um sich darüber auszusprechen, wie man möglichst rasch die traditionsreiche Partei wieder auf die Beine stellen könne. Die Penzberger Bergleute führten eine »Kübel-Sammlung« für ihre Münchner Genossen durch. Und so lag auch eines Tages in einer Ecke der SPD-Geschäftsstelle in der Goethestraße ein kleiner Berg Kohle. Man brauchte nicht mehr altes Mobiliar zu verheizen.

Immer die Sozialdemokraten

Am bereits erwähnten 17. Oktober 1945 stellten die Münchner Sozialdemokraten den Lizenzantrag. Als sich Captain John F. Tully und der 3. Bürgermeister Thomas Wimmer zum erstenmal gegenüberstanden, begegneten sich zwei Generationen. Auf der einen Seite der junge amerikanische Offizier, auf der anderen der langjährige Münchner SPD-Vorsitzende aus der Zeit vor 1933 – ein Mann, der trotz Verfolgungen und der Haftzeit im KZ ungebrochen und mit der kräftigen Stimme eines Urbayern dem

Amerikaner sagte: »Schauen Sie, Herr Captain, immer wieder sind es die Sozialdemokraten, die den deutschen Karren aus dem Dreck ziehen müssen. Wir wollen die Demokratie mit aufbauen. Hoffentlich ernten wir eines Tages mehr Dank, als es nach dem Ersten Weltkrieg der Fall gewesen ist.«
Thomas Wimmer, diesem unermüdlichen Kommunalpolitiker, stand im durch Bomben stark in Mitleidenschaft gezogenen Rathaus ein kleines Zimmer zur Verfügung, in dem sich ein winziger »Kanonenofen« befand. Wimmer kümmerte sich vornehmlich um den Holzeinschlag (»Holzaktion«) und um die Schutträumung. Wollte man von ihm eine Auskunft politischer Natur, so erhielt man zuerst Zahlen über die verfügbaren Ster Holz und die im Schlachthof gestern und vorgestern angelieferten Rindviecher. Wimmer imponierte den Amerikanern durch seine schlichte und praktische Art des Denkens und Handelns. Als er später – Wimmer war inzwischen Oberbürgermeister geworden – mehrfach in die USA eingeladen wurde, meinte er, er fahre nur, wenn er wie Oberbürgermeister Karl Scharnagl vor 1933 einen Kredit für München aus den USA mitbringen könne. Thomas Wimmer ist aber dann doch nie in Amerika gewesen, was die bayerischen Vereine in New York sehr bedauert haben.
Die Sozialdemokraten hatten kaum Probleme bei den Vorbereitungen für die Wiedergründung der Partei. Männer wie Gustav Schiefer, Karl Kröpelin und Josef Tietz waren Tag und Nacht bemüht, so schnell wie möglich der Partei nach den furchtbaren Jahren der Verfolgung erneut Gestalt zu geben. Bei Max Almer stapelten sich auf dem Fußboden die Fragebögen. Bei ihrer Auswertung durch die Amerikaner gab es keine Schwierigkeiten. Es ging alles glatt über die Schreibtische der US-Offiziere.

»Erst in 20 Jahren«

Am 17. November 1945 war es dann soweit. Um 10 Uhr vormittags wurde den Sozialdemokraten die Parteilizenz ausgehändigt. In einer Verlautbarung der Partei hieß es: »Für die Einwohner Münchens, die sich zum Sozialismus und zur Demokratie bekannt haben und wieder bekennen, beginnt ein neuer Zeitabschnitt. Mit altem Namen und neuer Kraft ist die Partei gewillt, an den gewaltigen Aufgaben Seite an Seite mit den anderen antifaschistischen Gruppen zusammenzuarbeiten, um aus der Not und dem Elend, in die uns das Hitlerreich gestürzt hat, allmählich herauszukommen«. Auf die Frage, wann man wohl aus der Not vollends heraus sein werde, antworteten Sozialdemokraten: wohl erst in 20 Jahren. Auch Politiker anderer Richtungen prophezeiten diese »20 Jahre«. Es ging dann freilich schneller.

Mit der SPD traten auch die Jungsozialisten und alle den Sozialdemokraten nahestehenden Organisationen an die Öffentlichkeit. Die Mitgliederanmeldungen rissen nicht ab. Max Almer, den Captain Tully wegen seines Humors und seiner Frische besonders gern sah, brachte stoßweise die großen Fragebögen zur Militärregierung.

Nicht unerwähnt darf bleiben, daß für alles eine Genehmigung der Militärregierung notwendig war: auch für Plakate, Flugzettel etc. Bei der Bearbeitung der SPD-Anträge hat es nie Komplikationen gegeben. Dafür sorgte vor allem der spätere SPD-Vorsitzende in Bayern Dr. Wilhelm Hoegner, der sich auch als hervorragender Jurist einen Namen gemacht hatte. Der Umgang mit Hoegner, der mit 92 Jahren gestorben ist, war nicht einfach, war er doch der Meinung, daß junge Männer zwischen 20 und 35 Jahren nicht »klug« daherreden sollten, sondern zu beobachten und zu hören hätten, um sich für später Wissen anzueignen.

Die erste Kundgebung

Es war vorauszusehen, daß die erste Kundgebung der SPD viele Menschen anziehen würde. Und so entschloß man sich, am 25. November 1945 zwei Veranstaltungen abzuhalten, eine um 10 Uhr vormittags und die andere um 13.30 Uhr. Der Andrang zu beiden Kundgebungen im Prinzregententheater war so stark, daß Hunderte keinen Zutritt mehr finden konnten und sich mit einem Platz auf der Straße begnügen mußten, auf der Lautsprecher aufgestellt waren, um die Reden nach außen zu übertragen. Der junge Komponist und Dirigent Lutz Helger trat mit einem »festlichen Aufklang« zum ersten Mal vor die Münchner. »Empor zum Licht« verkündete der Arbeiter-Sängerbund. Thomas Wimmer begrüßte die Versammelten, darunter auch zahlreiche Vertreter der amerikanischen Militärregierung. Er appellierte vor allem an die Jugend, sich zum neuen demokratischen Staat zu bekennen.

Der damalige Bayerische Ministerpräsident Dr. Wilhelm Hoegner – den die Juristische Fakultät der Universität München 1946 zum Honorarprofessor ernannte – hielt eine programmatische Rede, die im In- und Ausland viel Beachtung fand, waren es doch die ersten Ausführungen eines deutschen Nachkriegs-Ministerpräsidenten. Hoegner verlangte eine gerechte Strafe für die Schuldigen des Naziregimes, lehnte jedoch eine Kollektivschuld ab. Energisch verwarf er eine »kapitalistische Profitwirtschaft«, die bei der Beschaffung von Nahrung, Kleidung und Unterkunft nichts zu suchen habe. Hoegner forderte unter anderem: Versöhnung der schaffenden Stände, eine Verständigung zwischen Stadt und Land, Freiheit und Gleichheit für alle Staatsbürger vor dem Gesetz sowie Achtung vor der Würde des Menschen. Anstelle eines Separatismus verlangte der SPD-Politiker einen gesunden Föderalismus. Der Schlußgesang »Brüder zur Sonne, zur Freiheit« schallte weit über den Theaterplatz. Die Sozialisten hatten allen Grund zum Feiern, war doch die schreckliche Zeit der Verfolgung zu Ende gegangen.

Dankenswerterweise bemühen sich heute Politologen, das

Geschehen in den Nachkriegsjahren, auch die Lizenzierung der Parteien, sachgerecht darzustellen. Und doch fehlt ihnen etwas Wichtiges, nämlich das eigene Erleben. Die Nachkriegszeit kann man nicht nur aus Leitzordnern, aus Gesetzen, Verordnungen und Entschließungen erspüren. Wer selbst die damalige Zeit gestaltend miterlebt hat, der weiß, daß ein großer Teil des Geschehens in das Kästchen »human touch« gehört. Ja, vieles gehört in die Rubrik »Menschliches«, was nicht amtlich aufgezeichnet worden ist.

Die Münchner SPD erinnert sich

Einer der ersten Stunde, der ehemalige Kommunalreferent der Landeshauptstadt und Wegbereiter der Münchner Nachkriegs-SPD, Anton Weiß, erinnerte sich viele Jahre später im Freundeskreis jener Tage, als CSU-Oberbürgermeister Scharnagl dem ersten Münchner Stadtrat nach dem Krieg vorsaß. Das kleine Häuflein Sozialdemokraten, das sich in den braunen Jahren hinter bürgerlichen Berufen hinüberrettete und so wohlbeleumundete Namen wie etwa Dr. Ludwig Schmid, Gustav Schiefer, Carl Zeh, Karl Kröpelin, Ludwig Geigl, Oskar Dürr oder Thomas Wimmer vereinigte, baute Schritt für Schritt und Sektion für Sektion in Kleinarbeit die Parteiorganisation wieder auf, was der Weiß Toni bescheiden in die Worte kleidete: »Wir haben mit der Arbeit begonnen und können uns glücklich schätzen, daß wir als Besatzung die Amerikaner hatten.«
Weiß schloß seinen Rückblick mit dem Rat, die Münchner SPD solle sich mehr mit der eigenen Geschichte befassen, »die Jungen sind dankbar«. Den gleichen Rat hatte vorher auch der prominenteste Ehrengast, Bundesjustizminister und Alt-OB Hans-Jochen Vogel gegeben. Vor allem an drei Namen erinnerte Vogel, die damals der SPD Hoffnung und Perspektive geben konnten: an Thomas Wimmer, der ein »Leuchtturm dieser Stadt« gewesen sei, an Gustav Schiefer als »Säule der Arbeiterbewegung« und an Albert Roßhaupter, der zu Unrecht zu schnell vergessen worden sei.

6. Die kleinen Parteien

Der Leser wird sich inzwischen gefragt haben: Wann kommt denn die Christlich Soziale Union dran. Da hier chronologisch vorgegangen wird, muß man auf die CSU noch etwas warten, denn diese neue Partei wurde erst im Dezember 1945 lizenziert. Der Grund dafür: Die Gründung der christlich-sozialen Gruppierung stieß auf interne Schwierigkeiten. Oder anders gesagt: An Stelle Einigkeit gab es Streit. Bei den anderen, teils kleineren Parteien ging alles rascher über die Bühne.
Zu diesen zählte auch die »Demokratische Union«, die am 26. November 1945 lizenziert wurde. Man kann diese Partei des Winters 1945/46 als Eintagsfliege bezeichnen. Nur ganz wenige wissen heute noch um die »Demokratische Union«, die später von einigen Historikern als Vorläuferin der Bayernpartei bezeichnet worden ist, was nur teilweise den Tatsachen entspricht. In der »Demokratischen Union« waren politische Elemente zu finden, die einige Monate später in der Bayernpartei stark betont wurden. Die »Demokratische Union« war eine bewußt heimattreue Partei.
Gründer der »Demokratischen Union« ist der Facharzt für innere Krankheiten Dr. Kandetzki gewesen. Er starb Ende 1955. Dr. Kandetzki galt als politischer Außenseiter, brachte jedoch 25 Mitgründer zusammen, die ein großes Programm verkündeten. Bei der Gründung der »Demokratischen Union« wiesen die Mitstreiter Kandetzkis, der später zur CSU überwechselte, darauf hin, daß ihre Partei nicht identisch mit der früheren »Demokratischen Partei« sei. Es handele sich um eine völlig neue Gruppierung. Sie wollte vor allem dem christlichen Gedankengut der bayerischen Bevölkerung Rechnung tragen. Bemerkenswert war in der programmatischen Erklärung folgender Satz: »Die Demokratische Union ist neben der christlichen Grundhaltung nicht bloß sozial, sondern auch insoweit sozialisierend, als es das Wohl des Volkes jeweils wünschenswert erscheinen läßt.« Wie bereits

erwähnt: Die »Demokratische Union« war eine Eintagsfliege und verschwand bald in der Versenkung der politischen Bühne.

FDP als LDP

Über die Lizenzierung der Liberalen zu schreiben, macht einem eine besondere Freude, denn hier gibt es einiges zu erzählen. Vor allem muß man wissen, daß die FDP als LDP, also als Liberal-Demokratische Partei, am 30. November 1945 lizenziert worden ist. Einige Wochen später wechselte man den Namen. Aus der LDP wurde die FDP. Warum? Nun, Altliberale waren der Meinung, das Wort »liberal« hätte die Nazis so verunglimpft, daß es insbesondere im Hinblick auf Wahlen besser sei, sich nicht Liberal-Demokratische, sondern Freie Demokratische Partei zu nennen. Und so geschah es auch.

Aber bleiben wir bei den Herbstwochen 1945. In einer stilvoll eingerichteten Altbauwohnung in München-Schwabing trafen sich ein gutes Dutzend Männer, die sich verpflichtet fühlten, eine liberale Partei ins Leben zu rufen. Diese Kräfte sammelte als erster der Münchner Kaufmann Walter Sternfeld, der spätere Vorsitzende der FDP in der bayerischen Landeshauptstadt. Zu dieser liberalen Gruppe gehörten auch der Richter und spätere Staatsminister Otto Bezold, Hans Sellmaier und Maximilian Fuchs. Dr. Thomas Dehler, der spätere Landesvorsitzende der FDP und erste Bundesjustizminister, tauchte damals in München noch nicht auf. Er, der schon in den 20er Jahren den Jungdemokraten angehört und als Mitglied des Reichsbanners Schwarz-Rot-Gold die SPD-Zeitung »Münchner Post« mit geschützt hatte, war im Herbst 1945 Landrat in Bamberg, später dort Generalstaatsanwalt, dann Oberlandesgerichtspräsident. Oft hörte man aus seinem Munde: »Ich liebe die Sozialdemokraten, nicht aber den Sozialismus.«

In Verbindung mit den Namen Otto Bezold und Maximilian Fuchs, der vor 1933 Sekretär der Demokratischen Partei gewesen ist, haftet in meiner Erinnerung ein köstliches Erlebnis. Die

Liberalen hatten die 25 Sponsors, also die Parteigründer, beisammen. Otto Bezold erkundigte sich bei Capt. Tully, wann er die Lizenz in Empfang nehmen könnte. Der Amerikaner lächelte und meinte: Where is your program? Wo ist Ihr Programm? Tatsächlich – die Liberalen hatten nicht mehr an die Vorlage eines Programms gedacht. Irgendwelche Broschüren der alten Demokratischen Partei waren nicht greifbar. Da erinnerte man sich, daß am Tegernsee die Witwe von Prof. Rothenbücher, eines der führenden Mitglieder der Demokratischen Partei vor 1933 lebte. Aber wie zum Tegernsee kommen? Nichts fuhr damals dorthin. Und so bat Otto Bezold die Amerikaner um einen Jeep. Capt. Tully erklärte, das könne er nicht veranlassen, denn die Zurverfügungstellung eines Jeeps würde in diesem Falle die Bevorzugung einer politischen Gruppe bedeuten. Bezold solle doch um den Jeep bitten, weil er einen Ausflug zum Tegernsee machen wolle. Bezold verstand erst nicht, was Tully da vorschlug. Nein – es gehe nicht um einen Ausflug, sondern um das Parteiprogramm. Tully wiederholte seinen Vorschlag, wobei er glaubte, daß der Tegernsee etwa 100 Meilen von München entfernt liege. Endlich erfaßte Bezold die Situation, und er bat um den Ausflugs-Jeep. Tully immer noch in dem Glauben, der gewisse See befinde sich in großer Entfernung von München, ließ ein Freßpaket mit Sandwiches in den Jeep legen. Bezold und Fuchs konnten sich wieder einmal satt essen.

Frau Rothenbücher fand ein Programm der Demokratischen Partei. Nicht eine Versammlung von Delegierten stimmte sodann über die politischen Richtlinien der Liberalen ab. Nein – Otto Bezold überarbeitete in seiner Münchner Wohnung das am Tegernsee erhaltene Programmpapier aus dem Jahre 1932. Und am nächsten Tag überreichte er im Rathaus den Programmentwurf der Liberalen. Der Lizenz stand nichts mehr im Wege.

Bei den Vorbereitungen des Parteiantrags hatte auch Karl Meissner eine gewisse Rolle gespielt. Er war später der Sekretär der LDP. Jedoch nicht lange. Er wurde ausgeschlossen und ging zur »Wirtschaftlichen Aufbau-Vereinigung«, die er zu sprengen verstand. Schließlich landete Karl Meissner beim »Deutschen

Block«. Im Herbst 1945 hatte er auf die Frage, warum er eigentlich Arbeitsdienstführer gewesen sei, Capt. Tully geantwortet, nur so habe er Hitler nicht mit der Waffe dienen brauchen.
Kreisen der in der Bildung begriffenen christlichen Gruppierung waren die Novembergespräche der Liberalen bei Sternfeld gar nicht recht. Der spätere Staatssekretär Dr. Carl Jörg Lacherbauer sowie die Verleger Hanfstaengl und Pflaum versuchten immer wieder, die Liberalen von der Gründung einer eigenen Partei abzubringen. Sie meinten, »angesichts der gegenwärtigen Notlage halten wir es für ein Unglück, das Volk in viele politische Parteien aufzusplittern«. Die drei Genannten schlossen sich im Dezember der CSU an. Lacherbauer trat dann später zur Bayernpartei über, die er als Fraktionsvorsitzender im Landtag vertreten hat.
Die Liberalen blieben bei ihrem Entschluß, eine eigene Partei lizenzieren zu lassen. Am 30. November 1945 konnten Otto Bezold, Maximilian Fuchs und Karl Meissner die Lizenz in Empfang nehmen.
Wieder war das Prinzregententheater Schauplatz einer Gründungsfeier, als nämlich am 13. Januar 1946 die Liberalen zu ihrer ersten Kundgebung einluden. Man suchte einen stimmgewaltigen Redner. Man fand ihn schnell in der Person von Thomas Dehler. Der spätere FDP-Landesschatzmeister Birnstiel, der Großvater des jetzigen FDP-Fraktionsvorsitzenden im Münchner Stadtrat, Manfred Brunner, fuhr nach Bamberg und holte nach Überwindung der vielen Kontrollpunkte der US-Armee Dehler an die Isar. Der zeitlebens mutige Franke sprach über die Schuld der Vergangenheit und warnte eindringlich vor neuen Verfälschern des demokratischen Gedankens.
Wie bereits berichtet, war man noch im Winter 1945 übereingekommen, die »Liberal-Demokratische Partei« in »Freie Demokratische Partei« umzubenennen.

7. Die christliche Front hatte es schwer, sich zu einigen

Erst als fünfte Partei wurde in München die Christlich Soziale Union lizenziert. Das hatte mehrere Gründe: Es war nicht so leicht, die älteren Politiker aus dem christlichen Bereich unter einen Hut zu bringen, und es bestand im Herbst 1945 keine einheitliche Meinung über den Namen der zu gründenden Partei. Schon auf dem Kongreß der christlichen Gewerkschaften 1920 in Essen trat der Reichsarbeitsminister Adam Stegerwald für eine »interkonfessionelle politische Zusammenfassung« ein. Nach Kriegsende hielt Stegerwald 1945 als Regierungspräsident von Unterfranken an diesem Gedanken fest. Auch Dr. Josef Müller wollte vom Wiedererstehen des Zentrums oder der »Bayerischen Volkspartei« nichts wissen. Ihm schwebte eine Union vor, weil ihm der Begriff »Partei« etwas zu »Lineares« gewesen ist. Nach dem furchtbaren Erleben im »Dritten Reich« wollte er mit Stegerwald die Christen der beiden Bekenntnisse zusammenführen. Es ging ihm um eine politische Gemeinschaft aller Menschen, die sich zum Dekalog und zum Gebot der Nächstenliebe als Grundlage der öffentlichen Ordnung bekannten. Dr. Josef Müller verstand es, in seiner Wohnung in der Gedonstraße politisch Interessierte von seiner Idee zu überzeugen. Er wußte seine Bauernschläue in politische Taktik umzusetzen.

Die stärkste Gegenkraft gegen die Gründung der interkonfessionellen Gemeinschaft, wie sie Stegerwald und Dr. Müller vorschwebte, kam von seiten derer, die die »Bayerische Volkspartei« wieder ins Leben rufen wollten. Ihr Sprecher war Fritz Schäffer, der letzte Vorsitzende der »Bayerischen Volkspartei«. 1945 war er der erste von den Amerikanern eingesetzte bayerische Ministerpräsident. Dieses Amt hatte er nur vier Monate inne. Später wurde Schäffer mit seinem Juliusturm, den er als erster Bundesfinanzminister errichten konnte, weit über unsere Grenzen bekannt. 1945 stand ihm Dr. Anton Pfeiffer, der Lei-

ter der bayerischen Staatskanzlei, zur Seite. Beide, Schäffer und Pfeiffer, wollten den »Bayerischen Volksbund« lizenziert wissen. Es gab noch einen dritten Namensvorschlag für die zu bildende Partei. Und dieser kam aus der Ecke des späteren CSU-Fraktionsvorsitzenden im Münchner Stadtrat, Franz Fackler, der sich mit seinen Freunden für eine »Bayerische Arbeiter- und Bauernpartei« – eine christliche »Labour Party« einsetzte. Übrigens: Im Juni 1945 waren Fackler und seine Freunde in einer Gaststätte am Waldfriedhof von amerikanischen Soldaten gestellt worden. Man hielt dem Häufchen Maschinenpistolen vor die Nase, und ein Oberst verwarnte Fackler und seine Gruppe. Politische Versammlungen seien noch verboten. Fackler – im »Dritten Reich« verfolgt – war sprachlos. Warum sollte man sich nicht über den politischen Aufbau des Landes aussprechen dürfen? Die heftige Auseinandersetzung dauerte nicht lange, denn plötzlich kamen Fackler und der US-Oberst auf gemeinsame Bekannte. Man legte den Streit nieder.
Mehrere Namensvorschläge lagen also im christlichen Lager vor. Im kleinen Rathaussaal ging es ums Ganze. Dr. Pfeiffer stellte für Fritz Schäffer den Antrag, sich auf den »Bayerischen Volksbund« zu einigen. Der Antrag erhielt nicht die erforderliche Mehrheit. Nun zog Dr. Josef Müller seine Karte. Nach Einzelabstimmungen – das Wort »Christlich« erhielt nur eine Stimme Mehrheit – konnte Müller – genannt Ochsensepp – sich von seinen Freunden als Sieger feiern lassen. Die »Christlich-Soziale Union« Münchens war geboren. Hier seien einige Namen von Mitgründern genannt: Oberbürgermeister Karl Scharnagl, der spätere Bürgermeister Walter von Miller, Dr. Johannes Semmler, die späteren Staatsminister Helmerich, Krehle und Schlögl, Prälat Dr. Emil Muhler, Heinrich Pflüger, der 1946 gewählte Landtagspräsident Michael Horlacher, Dr. Josef Baumgartner, der spätere Vorsitzende der Bayernpartei, Zita Zehner und Prof. Stürmann. Niemand von ihnen befindet sich noch unter den Lebenden.

Dr. Walter von Miller Vorsitzender

Es muß noch nachgetragen werden, daß es Captain Tully gewesen ist, der Franz Fackler den Vorschlag gemacht hatte, sich doch der CSU anzuschließen. Das geschah auch. Am 5. Dezember 1945 erhielt die Christlich-Soziale Union nach einer schwierigen Geburt die Lizenz ausgehändigt. Fritz Schäffer war Dr. Josef Müller (von 1950–53 bayerischer Justizminister) bitter gram. Keiner der beiden war bereit, den anderen aufzusuchen, um über den Vorsitz zu sprechen.

Und so kam man auf den Gedanken, einen »neutralen« Mann zum Vorsitzenden zu wählen. Und dieser »neutrale« Mann hieß Dr. Walter von Miller, der mir sagte, nun komme er zum Vorsitz, »wie die Jungfrau zum Kind«. Schließlich sei er doch gar kein Politiker. Miller wurde der erste Vorsitzende der Münchner CSU. Als 2. Vorsitzender amtierte Dr. Eichhorn.

Dr. Walter von Miller saß in seinem Büro im Deutschen Museum, das ja vom Vater, nämlich von Oskar von Miller, gegründet worden war. Sein Sohn Walter machte sich Gedanken über die Gründungsfeier. Verständlicherweise ging der erste CSU-Vorsitzende von München mit dieser großen Veranstaltung ins Deutsche Museum. Die Feier hatte mit dem Charakter der heutigen Parteiversammlungen, in deren Mittelpunkt mehrstündige Reden stehen, überhaupt nichts zu tun.

Die Gründungsfeier wurde ziemlich theatralisch aufgezogen. Man hatte sich zum Motto »Wir bauen uns ein neues Haus« entschlossen. Man spielte, um es im heutigen Jargon zu sagen, Polittheater. Da sprach der Baumeister, den Walter von Miller verkörperte. Dann ergriff die Mutter (Zita Zehner) das Wort, die in das neue Haus einziehen sollte. Auf sie folgte der Handwerker, der das Haus auszustatten hatte. Es war der Handwerkspräsident von Oberbayern, Schmid. Nach einem Gelehrten fand zum Schluß der Verwaltungsbeamte, dargestellt von Oberbürgermeister Karl Scharnagl, markige Worte. Er erläuterte das Programm der CSU. Die Erläuterung erschien Walter von Miller viel zu lang, so daß er sie, bevor die Feier begann, radikal zusammengestrichen hatte.

Zum Schluß dieses Kapitels seien noch einige Passagen aus Reden des Jahres 1945 in Erinnerung gerufen.
Josef Baumgartner damals: »Als ehemaliges Mitglied der Bayerischen Volkspartei bekenne ich mich heute bewußt zur CSU; zu der großen Sammelpartei, die sich zur Aufgabe gemacht hat, katholische, protestantische, liberale und demokratische Kreise in ihren Reihen zu vereinigen.« (1947 ging Josef Baumgartner zur »Bayernpartei«, über die noch berichtet wird.)
Aufgezeichnet habe ich mir auch Sätze von Michael Horlacher: »Die CSU kann sich an alte Wirtschaftsformen nicht binden. Wir wollen allen Forderungen der Zeit opferwillig und opferfreudig gegenüberstehen und jeden Weg beschreiten, der die Not des Volkes lindern kann.«
Damals lagen weite Teile Münchens in Schutt und Asche.

8. WAV und Bayernpartei treten an die politische Rampe

Der Rückblick bliebe unvollkommen, würde man wichtige Lizenzierungen der Jahre 1946/47 außer acht lassen. Gerade die Parteien, die in den erwähnten Jahren an die Öffentlichkeit traten, haben das politische Kaleidoskop in besonderer Art und Weise lebendig gestaltet. Einige Geschehnisse verdienen das Prädikat der Einmaligkeit. Sie werden sich wohl niemals wiederholen, weil die Akteure von damals nicht zu kopieren sind.
Die Gründung der »Wirtschaftlichen Aufbau-Vereinigung (WAV)« ging allein auf das Konto eines Mannes – und dieser Mann hieß Alfred Loritz, Sohn des Vize-Regierungspräsidenten von Oberbayern vor 1933. Über den Menschen Loritz gäbe es viel zu schreiben, besonders, wenn man ihn selbst kennengelernt hat. Auch wenn Namen wie Götzendorf, Höllerer und Dr. Rief bei der Geburt der WAV eine Rolle gespielt haben – der Macher war und blieb Alfred Loritz, ein Rätsel der Demagogie, die Menschen in Ekstase bringen konnte. Ein Politiker, der schließlich selbst seine Partei kaputtgemacht hat. Ein Mensch, in dem manche einen tragischen Clown in der politischen Arena sahen.
Damals im Spätherbst 1945 konnte man den Eindruck gewinnen, daß Loritz vorgehabt habe, aus Deutschland eine Schweiz zu machen, in der er während des »Dritten Reiches« als Emigrant gelebt hatte. Loritz hatte den Amerikanern zu verstehen gegeben, daß er für das Bombenattentat auf Adolf Hitler am 9. November 1939 verantwortlich gewesen sei. Loritz wies in seinem Parteiprogramm immer wieder auf die Schweizer Verhältnisse hin. In diesem Programm, dem längsten aller Parteien, wurde verlangt, daß jedes wichtige Gesetz dem Volke zur direkten Abstimmung vorzulegen sei. Diese Forderung erhob er noch des öftern im Bayerischen Landtag und im Bundestag, in dem die WAV bis 1953 vertreten war. Übrigens: Dr. Josef Müller ist es gewesen, der den Nimbus des Bombenattentäters Alfred Loritz zerstört hat. Loritz rächte sich auf seine Weise. Er hat dazu bei-

getragen, daß Dr. Josef Müller 1946 nicht bayerischer Ministerpräsident geworden ist.

Kometenhafter Aufstieg

Alfred Loritz hatte einen kometenhaften Aufstieg. Er war die Partei und die Partei war Loritz. Ihm gelang 1947 die größte Nachkriegskundgebung auf dem Königsplatz. 80 000 Menschen jubelten ihm zu oder riefen so laut »pfui«, daß die Wände der Glyptothek ins Wanken gerieten. Man jubelte, als Loritz verkündete, wie die Wohnungsnot gelindert werden könne. Er schlug folgendes vor: Die Stadt solle alle in ihrem Besitz befindlichen Wälder und Forste freigeben, damit die Bevölkerung mit Äxten und Sägen bewaffnet, die Bäume zu Brettern machen könne. So könnten dann rasch Holzhäuser entstehen. Man schrie »pfui«, als Loritz behauptete, er wisse, warum der CSU-Gründer Dr. Josef Müller so dick sei: er drucke nämlich selbst Lebensmittelkarten. Auf den Schultern von Enthusiasten wurde Loritz zur Straßenbahn getragen.

Am 8. Dezember 1946 erhielt Loritz für die WAV in München die Parteilizenz. Mit geschwellter Brust verließ der Mann, der wie ein Wasserfall reden konnte und der durch seine große und dürre Gestalt auffiel, auf der ein Kopf mit Adlergesicht saß. Man erkannte Loritz auch an seinem Hut mit überbreiter Krempe.

Über das gesamte Gesicht grinsend, schritt er durch die eiskalte Aula, als am 21. Dezember 1946 der vom 1. Landtag frischgewählte bayerische Ministerpräsident Dr. Hans Ehard den Fraktionsvorsitzenden der WAV, Alfred Loritz, bat, als Sonderminister für die Entnazifizierung aufs Podium zu kommen. Die WAV war mit 13 Abgeordneten ins bayerische Parlament eingezogen. Bei der Regierungsumbildung im Sommer 1947 schied Loritz aus dem bayerischen Kabinett aus. Am 14. August 1949 durfte er seinen letzten Triumph feiern, denn an diesem Tag konnte er 12 Abgeordnete in den ersten Deutschen Bundestag entsenden. Am 9. Juli 1953, am letzten Sitzungstag des Parlaments in Bonn, zählte seine Fraktion nur noch 5 Abgeordnete. In den 2. Bundestag kam die WAV nicht mehr hinein. Loritz, der noch versucht hatte, in Niedersachsen und Bremen Fuß zu fassen, kam in die Mühlen der Justiz. Um einem Haftbefehl zu entgehen, ließ sich Loritz, nahe der Grenze Bayerns, im Österreichischen nieder. Vergessen und am Ende seiner Kräfte, ist er gestorben.

Heimat- und Königspartei

Bevor ich zur »Bayernpartei« komme, ein Wort noch zur »Bayerischen Heimat- und Königspartei«, die sich zwar gruppiert hatte, der aber die amerikanische Militärregierung einen Strich durch die politische Rechnung machte. Der Münchner Chirurg Prof. Lebsche ist einer der Wortführer gewesen, und ich sehe auch noch heute Seutter von Lötzen mit einer bayerischen Königskrone im Knopfloch herumgehen. Die Königspartei ist nicht die einzige Gruppe gewesen, die bei den Amerikanern keinen Gefallen gefunden hatte.

Die Bayernpartei

Die »Bayernpartei«: Sie ist das Resultat der heimatlich-urbayerischen Überlegungen des Münchner Kriminalkommissars Ludwig Max Lallinger, der 1945/46 den Ministerpräsidenten Dr. Wilhelm Hoegner zu beschützen hatte. Lallinger schwebte damals als politisches Endziel ein selbständiger bayerischer Staat vor, der sich später freiwillig in die Vereinigten Staaten von Europa eingliedern sollte.
Im November 1946 erschallte der Lockruf »Bayern den Bayern« zum erstenmal. Nicht nur in München, auch in anderen Stadt- und Landkreisen wurde die BP lizenziert. »Wir kommen! Die Bayernpartei!« rief es den Münchnern von den Häuserwand-Plakaten entgegen, die die Militärregierung genehmigt hatte. Vielen Bayern schlug das Herz beim Lesen der neuen Erlösungs-

theorie vom Joche des untergegangenen Preußens höher. Die BP verlangte eine volksnahe und heimattreue Politik, eine starke Selbstverwaltung der Gemeinden und das Volksbegehren über alle wichtigen Gesetze. Man sehnte sich nach einem Staat mit einem eigenen Staatspräsidenten.

Die Bayernpartei konnte große Erfolge verzeichnen. So war sie Anfang der 50er Jahre im Münchner Stadtrat stärker als die CSU. Sie war auch dabei, als sich der 2. Bundestag konstituierte. Und sie hatte wichtige Kabinettssitze in der bayerischen Viererkoalition SPD/BP/FDP und BHE (1953–1957) inne.

Es macht einem Spaß, am Strand von Milano Marittima an der Adria, seinem Urlaubsort, mit Ludwig Max Lallinger, dem Gründer der Bayernpartei, zu plaudern. Noch bis kurz vor seinem Tod war der »neue starke Mann« Bayerns der endvierziger Jahre ein Mann, den eine hünenhafte Gestalt mit lebhaften Augen unübersehbar machte. Der Hüne wirkte durchaus nicht abschreckend und unterhielt sich liebenswürdig und zeigte sich liberal, auch sozial engagiert. Da er für die Freiheit der Menschen eintrat, hatte er auch gegen Ehen zwischen Bayern und Preußen nichts einzuwenden: »Die Verantwortung müssen die Beteiligten selbst tragen.«

Ein anderes prominentes Mitglied der Bayernpartei, Dr. Jakob Fischbacher, jagte den Nichtbayern einen ganz gehörigen Schreck ein, als er von einer »Bluatschand« sprach, mit der er Ehen zwischen Bayern und »Zuagroasten« abkanzelte.

Einen Kopf kleiner, war Dr. Fischbacher ein anderer Politiker-Typ als Lallinger. Korrespondenten berichteten nach Hamburg oder Köln, der Rosenheimer sei gegen alles, was nicht einwandfrei die bayerische Sprache beherrsche. Man horchte auf, als Dr. Fischbacher in einer Wahlrede zum erstenmal die Behauptung aufstellte: »Ein preußischer Arzt« habe bewußt König Ludwig II. in den Starnberger See gelockt, in dem er dann ertrunken ist. Nun, es waren Gestalten, die dem politischen Leben in Bayern Farbe gegeben haben. Die BP hat ihren festen Platz in der bayerischen Nachkriegsgeschichte.

Alle großen Parteien erhielten 1946/47 eine Lizenz, mit der sie

Landesverbände ins Leben rufen durften, wie sie heute noch existieren. Den Parteilizenzen der amerikanischen Militärregierung war folgender Hinweis beigegeben: »Tragen von Uniformen, Abzeichen und Armbinden ist verboten. Auch die Abhaltung von Paraden.«

9. Bayerische Regierung mit Kommunisten

Mit dem Fahrrad machte sich der vor 1933 letzte Vorsitzende der »Bayerischen Volkspartei«, Fritz Schäffer, auf den Weg von Starnberg nach München, um hier von hohen Vertretern der amerikanischen Militärregierung zu erfahren, daß er ab sofort Leiter der bayerischen Zivilverwaltung sei. Somit wurde am 28. Mai 1945 der konservative Politiker, der vor dem Kriege in der Münchner Trogerstraße zu Hause gewesen war, erster Nachkriegs-Ministerpräsident. Nicht gewählt, wohl aber von US-Generalen ernannt. Schäffer, dieser fuchsschlaue Jurist, der viel geschmäht, aber auch viel bewundert wurde, der als zäh und eigenwillig galt, hatte nur acht Minister um sich. Staatssekretäre gab es damals noch nicht.

Die Regierungszeit des Mannes, der sich später als Bundesfinanzminister einen Namen gemacht hat, dauerte nur 124 Tage. Am 28. September 1945 wurde nämlich Fritz Schäffer von der amerikanischen Militärregierung aus seinem Amt als Ministerpräsident entlassen. Was war geschehen? Nun, Schäffer war vor allem mit der Art der Entnazifizierung, mit der Form der Bewältigung des »Dritten Reiches« nicht einverstanden. Der entlassene erste Regierungschef nach Kriegsende hat noch bis in die Tage vor seinem Tod – er starb am 29. März 1967 im Alter von 78 Jahren in Berchtesgaden – herausfinden wollen, ob nicht der Mitbegründer der CSU, Dr. Josef Müller, seine Entlassung forciert habe, um selbst Ministerpräsident zu werden. Es kam anders.

Der neue von der amerikanischen Militärregierung ernannte bayerische Ministerpräsident hieß Dr. Wilhelm Hoegner. Schon nach dem Hitler-Putsch im Jahre 1923 wurde Hoegner als Sozialdemokrat in den Bayerischen Landtag gewählt. Später kam er in den Reichstag. Nach der Machtergreifung durch die Nazis mußte Hoegner 1933 ins Ausland fliehen. In der Schweiz dachte der Sozialdemokrat mit dem strengen Gesicht, das vor allem durch einen Kneifer geprägt wurde, über die Schaffung eines demokratischen Fundaments durch eine neue bayerische Verfassung nach. Zurück nach München, wurde Hoegner am 28. September 1945 Nachfolger von Fritz Schäffer. Dem sozialdemokratischen Politiker ging es zuerst darum, eine breite Basis von Persönlichkeiten zu bilden, die im »Dritten Reich« verfolgt worden waren, zumindest aber mit den Nazis nichts zu tun gehabt hatten. Auch die Amerikaner vertraten die gleiche Meinung.

Breite Regierungsbasis, das hieß: auch Kommunisten in das Kabinett. Immerhin mußten viele Kommunisten zwischen 1933 und 1945 Jahre in Gefängnissen, Zuchthäusern oder KZs verbringen. Im Regierungsprogramm Hoegners spielte die Entnazifizierung eine wichtige Rolle. Keine neuen Kontroversen mit den Amerikanern. Und so wurde der Kommunist Heinrich Schmitt Sonderminister, der sich um die personelle Bewältigung des »Dritten Reiches« zu kümmern hatte.

Studienjahre in Moskau

Schmitt wurde 1895 in Waldbrüttelbrunn bei Würzburg geboren. Der Werkzeugmacher absolvierte nach dem Ersten Weltkrieg Studienjahre an der Moskauer Lomonossow-Universität. 1935 wurde er nach Deutschland geschickt, um hier illegale Arbeit gegen die Nazis zu leisten. Am 7. Februar 1937 wurde Schmitt zu 15 Jahren Zuchthaus verurteilt. Der Staatsanwalt hatte die Todesstrafe gefordert.

Heinrich Schmitt hatte sich als Sonderminister zum Ziel gesetzt: keine Rachepolitik, wohl aber harte Strafen für Nazi-Aktivisten. Am 1. Juni 1946 schied Schmitt aus der Regierung. Ministerpräsident Hoegner gab dem Rücktrittsgesuch von Schmitt sofort statt. Nachfolger im Amt des Sonderministers wurde der bis dahin beim Regierungschef als Staatssekretär tätige Dr. Anton Pfeiffer, eines der ersten CSU-Mitglieder.

Am 14. Juni 1946 begründete der ausgeschiedene Sonderminister in einer überfüllten Versammlung im Circus Krone seinen

Rücktritt. Schmitt beklagte sich über die Kritik deutscherseits an seinem Handeln. Es ging vor allem um die Kritik an seiner Deutung des Begriffs »Nutznießer des Dritten Reiches«. Wörtlich der zurückgetretene Minister: »Man hat mir seinerzeit das Amt übertragen mit der Absicht, mir den Strick um den Hals zu legen, an dem ich mich selbst aufhängen sollte.« Das klang recht leninistisch; nur hatte der Vater der Sowjetunion den Strick den Kapitalisten gewünscht. Schmitt appellierte an die Sozialdemokraten und die Gewerkschaften, eine gemeinsame Kampffront zu schaffen. Dieser Appell, auf den später noch einzugehen ist, wurde in den darauffolgenden Monaten mehrfach wiederholt.

Aber zurück zur Regierung Hoegner I. »Eins« deswegen, weil der sozialdemokratische Politiker vom 14. Dezember 1954 bis zum 16. Oktober 1957 noch einmal Ministerpräsident, und zwar Chef der Vierer-Koalition gewesen ist. Am 28. September 1945 wurde nicht nur Heinrich Schmitt in die damalige von den Amerikanern eingesetzte Regierung berufen, auch zwei andere Kommunisten wurden Staatssekretäre: Ludwig Ficker im Innenministerium und der Rosenheimer Ewald Thunig im Landwirtschaftsministerium. Der letztere schied am 3. März 1946 aus dem Kabinett. Am 17. Januar 1946 wurde Georg Fischer, der erste bayerische Landesvorsitzende der KPD, Staatssekretär im Wirtschaftsministerium. Er blieb das nur bis zum 8. Juni gleichen Jahres.

Georg Fischer, der spätere Münchner SPD-Stadtrat und stellvertretende Vorsitzende des sozialdemokratischen Unterbezirks München, kann als Beispiel für alle diejenigen angeführt werden, die sich nach kurzer Mitgliedschaft bei der KPD von den Kommunisten lösten und in die SPD eintraten. Fischer verließ 1946 die KPD, weil er nicht moskauhörig werden wollte. Er war ein Idealist, der sich dem demokratischen Sozialismus verschrieben hatte. Schon bald sah er ein, daß dieses Ziel auf dem kommunistischen Weg sowjetischer Prägung nicht zu erreichen war. Die Gedanken, die sein politisches Leben geprägt haben, hat er in einem Buch überliefert. Auch hier die klare Absage an das sowjetische Parteischema

Die Kommunisten Bayerns hatten nach dem Zweiten Weltkrieg

ihre Zentrale in der Münchner Widenmayerstraße 25. Mit dem Blick auf die Isar entwarf man Pläne, wie man in der Zeit des Elends und der Not an die Hebel des Staates kommen könne. Wer einmal über die Treppe in den 1. Stock der KP-Landesleitung gekommen und dort vor dem Pförtner im Glashäuschen gestanden ist, mußte sich sagen: wie in Moskau. Geheimnisvolles Tun, bürokratischer Stil, stalinistische Atmosphäre. Meist bleibt man auch als Angestellter der US-Militär-Regierung beim Pförtner hängen. Man wurde nur selten in ein Zimmer gebeten. Und so war man froh, wenn man wieder auf der Straße war, wenn man wieder das Rauschen der Isar hörte.

Kommunisten auch im Stadtrat

Am 26. Mai 1946 war der Münchner Stadtrat zum erstenmal von der Bevölkerung der bayerischen Metropole demokratisch gewählt worden. Die KPD erhielt von 41 Sitzen zwei. Die Wahl des ersten und zweiten Bürgermeisters durch die Stadträte veranlaßte die Kommunisten zu einem Trick. Die großen Parteien waren sich einig geworden: Die CSU sollte das Amt des ersten und die SPD das des zweiten Bürgermeisters besetzen. Am 6. Juni fehlten zwei beurlaubte CSU-Stadträte. Prompt nutzen die zwei Kommunisten die Gelegenheit und schlugen für den Posten des ersten Bürgermeisters den Sozialdemokraten Thomas Wimmer vor, um die SPD in eine peinliche Lage zu bringen, denn Sozialdemokraten (17 Stadträte) und die Kommunisten (zwei) hätten es an diesem Tag (nur 18 anwesende CSU-Stadträte) geschafft. Die SPD blieb jedoch bei ihrer Abmachung mit der Christlich-Sozialen Union.

Von dem Appell der Kommunisten an die Sozialdemokraten, eine gemeinsame Front zu bilden, war schon die Rede. Der KPD schwebte auch in Bayern eine SED vor, also eine Partei, in der die Sozialdemokraten gänzlich aufzugehen gehabt hätten. Ein Ende der SPD in Bayern? Keineswegs.

Im Sommer 1946 sprachen die beiden Führer der SED, Walter

Ulbricht und Max Fechner, in der Münchner Großküche an der Rosenheimer Straße über die Einheit der Arbeiterklasse. Am folgenden Tag erklärte der SPD-Landesvorstand: »Die Bildung von örtlichen Organisationsausschüssen zur Vorbereitung gemeinsamer Versammlungen von SPD und KPD, für die gegenwärtig Spitzenfunktionäre der SED in den Westzonen herumreisen, ist eine rein kommunistische Parteiangelegenheit. Die sozialdemokratische Partei lehnt solche Manöver ab.«

Absage an Kommunisten

Die SED-Spitze in Ostberlin gab nicht auf. So schlug man im Sommer 1947 vor, sich in Ingolstadt zu treffen. Dr. Wilhelm Hoegner und der geschäftsführende Vorsitzende der Münchner SPD und spätere Bundestagsabgeordnete seiner Partei, Franz Marx – an sie waren die Einladungen ergangen – lehnten das Ansinnen ab. Franz Marx später: »Ich war der entscheidende Mittelpunkt in Sachen Absage an die Kommunisten.« Eine Handvoll Journalisten wird sich vielleicht noch an die Pressekonferenz der SED im kleinen Sitzungssaal des Münchner Rathauses erinnern, bei der der spätere Staatsratsvorsitzende Wilhelm Pieck noch einmal die Einheitsfront der Arbeiterklasse beschwor.
Es wird immer wieder davon gesprochen, daß die Amerikaner nach dem Krieg den Kommunisten jeden Wunsch von den Lippen abgelesen, daß sie die KP-Leute bevorzugt hätten. Das stimmt keineswegs. Auf Anordnung des Hauptquartiers in Frankfurt wurden in der Nacht zum 22. Juli 1946 namhafte Kommunisten von der amerikanischen Militär-Polizei verhaftet. So auch Staatssekretär Ludwig Ficker, der frühere Münchner Stadtrat Adolf Meislinger und der Leiter des »Bundes der Freunde der Sowjetunion«, Ernst Buckelei. Diese Verhaftungen wurden von dem sowjetischen Verbindungsoffizier in der McGraw-Kaserne an der Tegernseer Landstraße, einem Major, genau vermerkt. Dieser Major war sehr mißtrauisch, vor allem wenn sein deutsches Gegenüber Russisch sprechen konnte. Lud-

wig Ficker und seine Freunde wurden nach 24 Stunden wieder freigelassen. KP-Geschichten zirkulierten, nach denen u. a. bei einer der erwähnten Verhaftungen drei Flaschen Likör geklaut worden seien. Die amerikanische Militärregierung sprach von »dummen Gerüchten«.

Informationsblatt verboten

Das Informationsblatt der KPD in Bayern wurde von der Militär-Regierung (ICD, Information Control Division) mehrfach verboten. Dieses Blatt der Kommunisten, die am 1. Juli 1946 bei der Wahl zur Verfassunggebenden Landesversammlung 5,1 Prozent und damit acht von 180 Sitzen erhalten hatten, bei der Landtagswahl aber leer ausgegangen waren, weil sie die 10-Prozent-Hürde in einem Regierungsbezirk nicht überspringen konnten, verfaßte Ende 1946 einen Artikel unter der Überschrift: »Woher kommt das Mehl?« Übrigens: Damals gab es auf die Lebensmittelmarken nur zehn Gramm weißes Mehl pro Tag und Person.

»Woher stammt das Mehl?« Unter dieser Überschrift hieß es: »Es ist nicht lange her, da gab es eine freudig-häusliche Festlichkeit zwischen den Größen der CSU und SPD in München. Natürlich kann jeder Hochzeiten feiern, wie sie gerade fallen, noch dazu, wenn es politische sind. Zur Fundierung dieser politischen Zweckehe wurden auch Rohrnudeln gebacken, und zwar vom Bäckermeister Kern in Berg am Laim.« Entrüstung bei der SPD. Sie erklärte, alles sei eine freie Erfindung und glatte Unwahrheit. Auch die CSU meinte erbost, ihr sei von einer Rohrnudel-Hochzeit nichs bekannt.

Der ehrenwerte Bäckermeister in Berg am Laim machte in einem Interview die Leser zuerst einmal sprachlos. Jawohl, so seine Aussage, jawohl, er habe nicht nur 1000, sondern 1200 Rohrnudeln gebacken. Diese seien jedoch in mehreren Lieferungen an die Kantine des Ministeriums für Ernährung und Landwirtschaft gegangen. Dort seien diese Rohrnudeln zum Mittagessen gegen

Abgabe der entsprechenden Lebensmittelmarken verabreicht worden. Mit einer Hochzeit habe diese Lieferung nichts zu tun. In Kreisen der CSU und SPD vermutete man, daß die Kommunisten eine politische Brunnenvergiftung begonnen hätten. Die erste Aktivität dieser Art erfolgte also mit Rohrnudeln.

10. Die »eiskalte« Regierungsbildung

Am Samstag, dem 21. Dezember 1946, wurde in der Aula der Münchner Universität der bayerische Ministerpräsident zum erstenmal vom Plenum des Landtags gewählt. Die Wahl des bayerischen Parlaments war am 1. Dezember erfolgt.
Die Temperatur auf dem Vorplatz der Münchner Universität betrug minus 20 Grad Celsius. Das Quecksilber des hausmeisterlichen Thermometers zeigte in der Aula der Maxililians-Universität auf 0 Grad. Verständlich, daß die Verwaltung der altehrwürdigen Lehrstätte keine Garderobenfrau bestellt hatte. Dick vermummt saßen die Abgeordneten und die Journalisten auf ihren Plätzen. Man war froh, in einem Mantel zu stecken. Und doch: Die Wahl-Atmosphäre war so spannungsgeladen, die Aula so voller Gerüchte und Spekulationen, daß man für Augenblicke die Kälte der Luft, die sich um einen gelegt hatte, gar nicht verspürte.
Die auf 13 Uhr anberaumte Plenarsitzung des Landtags, der sich aus 104 Abgeordneten der CSU, 54 der SPD, 13 der WAV und neun der FDP zusammensetzte, wurde auf Antrag des Fraktionsvorsitzenden der Christlich-Sozialen, Dr. Alois Hundhammer, auf 16.30 Uhr verschoben. Begründung: Die Witterungsverhältnisse hätten es nicht allen Volksvertretern ermöglicht, rechtzeitig zu erscheinen. Das Gerede auf den Gängen und das Getuschel in den Ecken vermittelte jedoch den Eindruck, daß noch einiges zu klären sei. Dabei ging es vor allem um Personen und nicht so sehr um Programminhalte.

»Ohne Leidenschaft«

Und dann war es soweit. Landtagspräsident Dr. Michael Horlacher, dieser rustikale Bayer aus einem alten Bauerngeschlecht, der später einmal dem Plenum im Maximilianeum verdeutlicht hat, daß »hier jeder so dumm daherreden könne, wie er mag«, bat die in der Aula versammelten Abgeordneten, ohne alle Leidenschaft die Wahl des Ministerpräsidenten vorzunehmen. Ohne Leidenschaft? Nun, der bauernschlaue und witzige »Michel«, eine markante Figur der Raiffeisen-Organisation, wußte sehr genau, daß es in einigen Abgeordneten gärte. Man war sich darüber im klaren, daß innerhalb der CSU-Fraktion von einer einheitlichen Meinung über Personalfragen nicht die Rede sein konnte. Denn die Personen, um die es ging, hatten verschiedene Ziele abgesteckt. Das Spektrum der Hoffnungen und Wünsche war bei den Christlich-Sozialen groß.

Trotz der prickelnden Atmosphäre wurde die Tagesordnung des Landtagsplenums verhältnismäßig reibungslos abgewickelt. Dazu dürften wohl die null Grad beigetragen haben. Unruhe und Bewegung gab es, als sich »Ochsensepp-Freund«, der Augsburger CSU-Abgeordnete Dr. Rindt, erhob und sagte: »Die Fraktion der Christlich-Sozialen Union in Bayern schlägt als Ministerpräsident Dr. Josef Müller vor.« Für die SPD erklärte der Abgeordnete Jean Stock, daß seine Fraktion beschlossen habe, Dr. Müller abzulehnen. Eine Begründung erübrige sich. Der Fraktionsvorsitzende der Wirtschaftlichen Aufbau-Vereinigung (WAV) Alfred Loritz wurde deutlicher. Er bedauerte, daß die Person Dr. Müllers einen Hinderungsgrund für eine Einigung unseres Volkes auf sachlicher Basis bilde. »Die WAV ist bereit, sich an einer Koalition zu beteiligen, wenn sie von Männern gebildet wird, die keine Schuld am Zustandekommen des Hitlerregimes haben.«

Bei diesem Worten verriet der Gesichtsausdruck Dr. Müllers, daß der CSU-Landesvorsitzende sehr wohl wußte, was auf ihn zukommt. Die Erklärung der Freien Demokraten, die der Nürnberger Zahnarzt Dr. Linnert abgab, war nicht mehr von großem Belang. Die CSU, so sagte der FDP-Abgeordnete, solle aus ihren Reihen den Ministerpräsidenten stellen. Sie habe ja im Landtag die absolute Mehrheit. Die Freien Demokraten seien zu jeder sachlichen Mitarbeit bereit.

Die Militärregierung von Bayern sollte mit ihrem Report vom

10. Dezember 1946 recht behalten. In ihrem »Trend« hatte sie zu Papier gebracht: the situation is far from stabilized. (Die Situation ist weit davon entfernt, stabil zu sein.) Und weiter heißt es in diesem Bericht: Veränderungen und mögliche Überraschungen liegen im Bereich des Möglichen, wenn sich der Landtags-Vorhang öffnen wird. Und so war es auch.

Präsident Dr. Michael Horlacher rief zur Abstimmung auf. Von den 180 Abgeordneten des 1. Nachkriegs-Landtags waren 175 in der Universitätsaula anwesend. Die notwendige Stimmenmehrheit lag also bei 88. Das Ergebnis: 73 Abgeordnete gaben Dr. Müller ihr Ja, 69 ein Nein, 33 stimmten für Dr. Hans Ehard, der in der von den Amerikanern eingesetzten Regierung unter Dr. Wilhelm Hoegner (SPD) Staatssekretär im Bayerischen Justizministerium gewesen war. Dr. Müller, der Landesvorsitzende der CSU, wurde bleich.

Enttäuschung, aber auch Wut überfiel den Mann, der in den Kriegsjahren im Widerstand gegen das NS-Regime gewirkt hatte, schließlich ins KZ kam und seit Mai 1945 drauf und dran war, einer neuen politischen Gruppierung aller Christen zum Durchbruch in Staat und Gesellschaft zu verhelfen. Er hatte nur außer acht gelassen, daß der altbayerische, der konservativ-christliche Kreis um Dr. Hundhammer und Dr. Alois Schlögl, dem Sekretär des Bayerischen Bauernverbandes, nicht Dinge vergessen wollte, die vor 1933 und während der ersten NS-Jahre gesagt und getan worden waren. Dazu kam, daß dem konservativen Flügel der CSU die politischen Schachzüge Dr. Müllers nicht geheuer waren. Da sind die Kontakte zu sowjetischen Militärs und die Gespräche mit CDU-Politikern in der Sowjetzone, wie Jakob Kaiser und Ernst Lemmer, gewesen. Alles in allem: Den konservativen Altbayern innerhalb der CSU paßte diese über Bayerns Grenzen hinausreichende Politik Müllers nicht. Sie vermuteten in ihrem CSU-Vorsitzenden einen zentralistisch denkenden Parteifreund, einen Mann, dem gesamtdeutsche Probleme näher am Herzen gelegen waren als ein im Föderalismus verankertes Bayern.

Wer Dr. Josef Müller näher gekannt hat, weiß, daß es dem Mann, der in der Münchner Gedonstraße 5 seine Freunde und »Jünger«

gern zu Lehrstunden versammelte, gar nicht so unrecht war, als Politiker mit europaweiten Kontakten, mit Geheimverbindungen und Abmachungen, die hinter vorgehaltener Hand gedeutet wurden, zu gelten. Einen Dämpfer auf seine politischen Aktivitäten muß Dr. Müller am 5. Dezember 1946 verspürt haben. An diesem Tage nämlich hatte in Frankfurt der Militär-Gouverneur für die US-Zone, General Joseph T. McNarney erklärt, daß die Militärregierung von Bayern, die eine zweite Entnazifizierung Müllers verlangt hatte, die Wählbarkeit des CSU-Vorsitzenden für das Amt des bayerischen Ministerpräsidenten überprüfe. Und der General fügte hinzu, die amerikanische Militärregierung habe das Recht, Kandidaten zu »disqualifizieren«, auch wenn sie bereits gewählt seien. Das waren harte Worte – das war ein Wink mit dem Zaunpfahl.

Flugblatt gegen Dr. Müller

Die Anti-Müller-Opposition fühlte sich bestätigt. Sie drängte auf eine Koalition zwischen CSU und SPD. Man wollte mit dem betont bayerischen Sozialdemokraten Dr. Wilhelm Hoegner die ersten Regierungsschritte vollziehen. Zu allem Unheil für Dr. Josef Müller kam noch hinzu, daß der WAV-Vorsitzende Alfred Loritz, man kann wohl sagen, Tag und Nacht danach trachtete, dem CSU-Vorsitzenden eins auszuwischen. Am 6. November ließ er vor dem Saal, in dem der CSU-Landesausschuß tagte, ein von der Militärregierung genehmigtes Flugblatt verteilen, in dem Dr. Müller unterstellt wurde, an der Arisierung eines Münchner Gebäudes als Rechtsanwalt mitgewirkt zu haben. Müller wies diese Beschuldigung entrüstet zurück.
Der Landesausschuß billigte mit 76 gegen 22 Stimmen, bei fünf Enthaltungen, die Politik seines Landesvorsitzenden. Die 22 Nein-Stimmen mußten Dr. Müller jedoch nachdenklich stimmen. Sie waren ein Signal, das sich am 21. Dezember um 18 Uhr im Ergebnis der ersten Abstimmung widerspiegelte. Dr. Müller war durchgefallen. Und dabei hatte er sich schon viele Gedanken

über »sein« CSU-Kabinett gemacht. In dieses sollten auch ein Freier Demokrat (Dr. Thomas Dehler als Entnazifizierungsminister) und ein Kommunist (Richard Scheringer als Staatssekretär im Landwirtschaftsministerium) berufen werden. Aus all diesen Überlegungen wurde nun nichts.

Stunde der Alt-Bayern

Nach der Abstimmungsniederlage für Dr. Müller war die Stunde der Alt-Bayern gekommen – also für die CSU-Politiker, die den bisherigen Staatssekretär im Justizministerium, Dr. Hans Ehard, favorisierten. Bevor aber Dr. Hundhammer den Franken Ehard, den hervorragenden Juristen und untadeligen Menschen, der 1923 als 2. Staatsanwalt im Prozeß gegen Adolf Hitler aufgetreten war, für die CSU-Fraktion nominierte, geschah etwas, was kaum jemand weiß. Eine Delegation der Christlich-Sozialen Union war zu Kardinal von Faulhaber gegangen, um das Ja für Dr. Hans Ehard von der katholischen Kirche zu bekommen. Der Katholik Ehard hatte nämlich nicht nur eine Protestantin geheiratet – das war nicht der Grund für die Anfrage –, er hatte darüber hinaus seinen Sohn evangelisch-lutherisch taufen lassen. Der Kardinal hatte keine Einwände gegen Dr. Ehard, und so konnte die CSU ihren fränkischen Parteifreund in der Aula nominieren. Man schrieb das Jahr 1946.

Zu Beginn der Abstimmung verließ die Müller-Gruppe der CSU zusammen mit dem Landesvorsitzenden das Plenum. Es waren genau 31 Mann. Unter ihnen der spätere Ministerpräsident Dr. Hanns Seidel, der später für die »Grünen« wirkende August Haußleiter und der Abgeordnete Zwicknagl, der spätere Schwiegervater von Franz Josef Strauß. Als die Müller-Freunde die Aula verließen, gab es im Saal und auf der Galerie Unruhe. Man hörte Zwischenrufe wie »Das ist die Diktatur Müllers« und »Die Reaktion zieht aus«.

Ohne die Parteifreunde des CSU-Landesvorsitzenden wurde zur Wahl geschritten. Nach der Auszählung gab Dr. Horlacher das

Ergebnis bekannt: Von 147 abgegebenen gültigen Zetteln entfielen auf Dr. Hans Ehard 121 Ja-Stimmen. 15 Stimmzettel lauteten auf Nein, fünf Abgeordnete hatten sich für Müller ausgesprochen, sechs Stimmzettel waren ungültig.

Ein Mann des Rechts

Als der frischgewählte Ministerpräsident Dr. Hans Ehard ans Rednerpult trat, herrschte in der Aula feierliche Stille. Ehards Worte sind unvergessen geblieben: »Ich bin ein Mann des Rechts und ich habe mich immer bemüht, Gerechtigkeit zu üben und meine Entscheidungen mit dem Maßstab der menschlichen Würde zu treffen.« Bis zu seinem Tode im Herbst 1980 ist Ehard ein Mann des Rechts geblieben.

Noch in der Aula berief Ehard sein Kabinett, mit dem die Große Koalition aus CSU und SPD besiegelt wurde. Auch die WAV konnte ihren Vorsitzenden Alfred Loritz als Entnazifizierungsminister in die Regierung entsenden. Die Ressorts wurden von Ehard wie folgt besetzt: Justizminister und stellvertretender Ministerpräsident Dr. Wilhelm Hoegner (SPD), Innenminister Josef Seifried (SPD), Kultusminister Dr. Dr. Alois Hundhammer (CSU), Wirtschaftsminister Dr. Rudolf Zorn (SPD), Arbeitsminister Albert Roßhaupter (SPD), Landwirtschaftsminister Dr. Josef Baumgartner (CSU) und Sonderminister Alfred Loritz (WAV). Leiter der Staatskanzlei: Dr. Anton Pfeiffer (CSU).

Man war froh, in den Abendstunden die eiskalte Aula verlassen zu können, um sich am heimischen Ofen aufzuwärmen. Viele gute Wünsche begleiteten die Minister in ihre im Vergleich zu den Universitätsräumen einigermaßen warmen Amtsstuben. Es dauerte jedoch nur wenige Monate, da begann ein für die spätsommerliche Zeit ungewöhnlich kalter Wind durch die Große Koalition zu blasen, der im September 1947 die CSU/SPD-Regierung auseinanderbrechen ließ.

11. Die Große Koalition der 237 Tage

Kaum an der Regierung, wurden die führenden Politiker der CSU und der bayerischen SPD einer ganzen Reihe von Bewährungsproben unterzogen. Sofort sah sich die Große Koalition auf dem Meßstand. Am Zusammenhalt der CSU- und SPD-Politiker hätte es eigentlich nicht fehlen dürfen, denn die Männer, die sich an die heute kaum vorstellbaren Not-Aufgaben gemacht hatten, blickten auf ein gemeinsames Erleben der Verfolgung durch das NS-Regime zurück. Die schrecklichen Jahre während des »Dritten Reiches« hatten die Demokraten zu einer Art »Gemeinschaft« zusammengeschweißt. Warum – so fragte man sich – warum sollte also die Große Koalition, die am 21. Dezember 1946 gebildet worden war, nicht die vier Jahre der Legislaturperiode zusammenhalten? Schließlich galt es, gemeinsam alles zu tun, um das bayerische Volk aus der Not der Nachkriegszeit herauszukriegen; Not gab es im privaten wie auch im öffentlichen Leben, eine Krise folgte auf die andere.

Der »Kartoffel-Kohle-Krieg«

Am letzten Juli-Wochenende 1947 hieß es, Ministerpräsident Dr. Hans Ehard habe die Verkündung des Notstands ins Auge gefaßt. Namhafte Vertreter der Wirtschaft, des Bauernverbandes und des Gewerkschaftsbundes hatten dargelegt, daß es schon rein technisch schier unmöglich sei, für den kommenden Winter die Hausbrandversorgung sicherzustellen. Die Kohleverteilung erwies sich als völlig mangelhaft. Am süd- und westdeutschen Horizont zeichnete sich bereits der »Kartoffel-Kohle-Krieg« zwischen Bayern und dem Ruhrgebiet ab. Der bayerische Wirtschaftsminister Dr. Rudolf Zorn, SPD, sprach von einer Kohlezuteilung, die nur auf dem Papier stehe. Der Bayerische Landtag gab der Versorgung des Hausbrands die Priorität. Landwirtschaftsminister Dr. Josef Baumgartner, damals noch CSU, später Bayernpartei, begann dem Ruhrgebiet zu drohen: keine Kohle, keine Kartoffeln.

Hunger – und keine Vorräte

Auch wenn Ministerpräsident Dr. Hans Ehard, der damals monatlich 1028 Reichsmark netto verdiente, von der Verkündung des Notstandes absah, war die Lage keineswegs besser geworden. Am ersten September-Wochenende wurde der Bevölkerung gesagt, daß Bayern ein Zuschußland geworden sei. Die Auswirkungen der Dürre waren katastrophal. In der Versorgung der bayerischen Bevölkerung mit Brotgetreide war bisher ein Vorrat von 43 Tagen vorhanden. Plötzlich wiesen die Statistiken nur noch 21 Tage auf. Bayern ein Zuschußland? Minister Baumgartner bejahte die Frage, denn Bayern fehlten zusätzlich 700000 Tonnen Kartoffeln. Die Amerikaner, die die »Zeit als das Kernproblem der Krise« ansahen, erwägten beschleunigte Hilfsmaßnahmen.

Die Große Koalition in Bayern hatte also alle Hände voll zu tun, um das Land nicht in ein Chaos gleiten zu lassen. Vom Zwei-Zonen-Wirtschaftsrat in Frankfurt kam die Forderung nach einer »Leistungsnahrung« von 2000 bis 2500 Kalorien täglich. Gleichzeitig setzte das Hauptverwaltungsamt für Ernährung, das sich auch in der hessischen Metropole befand, die Fleischration für Normalverbraucher in der laufenden Periode (ein Monat) von 400 auf 300 Gramm herab. Man drohte Bayern mit Strafmaßnahmen, falls es diesen Befehl nicht befolgen würde.

Ideologische Grundsätze

Lebensgefährlich für das Bündnis zwischen CSU und SPD wurden jedoch nicht Anordnungen des Zwei-Zonen-Rates in Frankfurt oder der Besatzungsmacht. Gefährdet war die Koalition auch nicht durch Demonstrationen und Willensbekundungen der Bevölkerung, wie wir sie jetzt kennen. Nein – getrübt wurde das Zusammengehen durch Wolken, die von SPD-Funktionären über die Regierung der Großen Koalition geschoben wurden. Im Hintergrund der sich anbahnenden Situation standen ideologische Grundsätze – Grundsätze, die vor allem der in Hannover residierende SPD-Vorsitzende Dr. Kurt Schumacher an die Parteifahnen geheftet hatte. Schumacher war von vornherein nicht für ein Zusammengehen mit der Christlich-Sozialen Union gewesen. Er war der Mann des »Entweder–Oder«, was er ja auch später, 1949, im Deutschen Bundestag bewiesen hat. »Adenauer oder Schumacher«, so wollte es der SPD-Vorsitzende.

Landesausschuß der SPD

Dem sozialdemokratischen Justizminister Dr. Wilhelm Hoegner schwante nichts Gutes, als für den 13./14. September 1947 der Landesausschuß der Sozialdemokratischen Partei in Bayern nach München einberufen wurde. Ort der Tagung: die Echardinger Einkehr in Berg am Laim. Anwesend waren 85 Delegierte, unter ihnen die Minister Hoegner, Roßhaupter (Arbeit) und Seifried (Inneres) sowie Staatssekretär Pitroff aus dem Kultusministerium. In der Echardinger Einkehr hatten sich auch 45 Landtagsabgeordnete eingefunden. Am Samstag wurden nur Referate über acht Gesetzentwürfe gehalten sowie Anträge behandelt. Es gab nur eine kurze Diskussion. Im Mittelpunkt der Überlegungen stand jedoch einzig und allein die Entscheidung, ob die SPD in der Regierungskoalition verbleiben solle oder nicht.
In den entscheidenden Sonntag vom 14. September wirkte noch die außerordentliche Landesversammlung der CSU, die am 30./31. August in Eichstätt stattgefunden hatte, hinein. Wieso? Mitglieder des SPD-Landesausschusses verwiesen auf die Eichstätter Rede von Ministerpräsident Dr. Hans Ehard. Aus dieser Rede wollten Sozialdemokraten die Absicht des Regierungschefs herausgehört haben, nicht alle Punkte der neuen Bayerischen Ver-

fassung voll und ganz realisieren zu wollen. Dazu gehöre der Absatz 2 des Artikels 160 der Verfassung, der lautet: »Für die Allgemeinheit lebenswichtige Produktionsmittel, Großbanken und Versicherungsunternehmen können in Gemeineigentum überführt werden, wenn die Rücksicht auf die Gesamtheit es erfordert. Die Überführung erfolgt auf gesetzlicher Grundlage und gegen angemessene Entschädigung.«

Knoeringen wollte ein neues Kapitel SPD-Geschichte

Dr. Ehard hatte in Eichstätt zwar durchblicken lassen, daß es ein Stück schwerer Arbeit sein werde, die Verfassung in die Tat umzusetzen, eine Nicht-Realisierungs-Absicht hatte er jedoch keineswegs bekundet. Eichstätt spielte schließlich in der Echardinger Einkehr keine wesentliche Rolle. Am Vorstandstisch des Tagungslokals saß unübersehbar der neue erste Mann der bayerischen SPD, Waldemar von Knoeringen, der viele Jahre seiner Emigration in London verbracht hatte. Knoeringen, das verspürte man als Beobachter, wollte ein neues Kapitel in der Geschichte der bayerischen SPD aufschlagen, er wollte neue Akzente setzen. Knoeringen betonte mit Nachdruck, daß keine »Befehle aus Hannover« vorlägen. Es sei »keine längst beschlossene Sache«, aus der Koalition auszuscheiden. Die allgemeine Not, so fuhr Knoeringen fort, mache die Auflösung der Koalition schwer. Doch die »Fortführung der Bindungen an die CSU« sei unmöglich.

An der leidenschaftlich geführten Diskussion beteiligten sich 22 Redner. Das Für und Wider: Der Landtagsabgeordnete Bartmann meinte, die SPD dürfe doch nicht ihre eigenen Minister stürzen. Sein Parlamentskollege aus Garmisch-Partenkirchen, Bürgermeister Schütte, vertrat die Ansicht, daß man einen Austritt in der Provinz nicht begrüßen würde. Andere Delegierte, die die Auflösung der Koalition befürworteten, gaben zu verstehen, daß die SPD immer mehr von der CSU an die Wand gedrückt werde. Man brauche nicht unbedingt in der Regierung zu sein, um Einfluß zu gewinnen. Die Partei und ihr Programm stünden an erster Stelle der Aktivitäten. Dr. Wilhelm Hoegner warnte vor einem Austritt aus der Koalition. Seine Begründung: Wenn die SPD rausgehe, werde die CSU noch mehr Raum gewinnen. Hoegner gab seinen Genossen zu verstehen, daß er gleich morgen sein Amt zur Verfügung stellen werde, falls der Austritt beschlossen würde. Er wurde beschlossen.

Regierungsaustritt beschlossen

Bei der Abstimmung sprachen sich nur zwölf Delegierte gegen die Auflösung der CSU/SPD-Koalition aus. 73 waren dafür. Zuvor hatte der Landesausschuß – und das einstimmig – die Koalitionsvereinbarungen vom 28. 1. 1947 für hinfällig erklärt. Gegen drei Stimmen wurde schließlich die Auflösung des Landtags und Neuwahlen verlangt.
Die Tagung schloß in Einmütigkeit. Man sang zwei Lieder und brachte ein Hoch auf die Sozialdemokratie aus. Schweren Herzens und im Innersten verwundet fuhr Dr. Wilhelm Hoegner nach Hause. Er wußte, daß er in seiner eigenen Partei Feinde hatte. Bei einer Parteiratssitzung in Frankfurt verließ Hoegner den Saal, nachdem der SPD-Vorsitzende Dr. Kurt Schumacher von bayerischen Konservativen innerhalb der SPD Bayerns gesprochen hatte, Hoegner und Schumacher waren sich von Anfang an nicht grün: zwei Sozialdemokraten verschiedener Charaktere.
Per Telefon erkundigte sich Alfred Loritz, was in der Echardinger Einkehr herausgekommen sei. Sein Kommentar war Schweigen. Er, der Vorsitzende der Wirtschaftlichen Aufbau-Vereinigung, hatte sich als Entnazifizierungsminister nur mit einer Sache intensiv befaßt, nämlich mit dem Leben des CSU-Landesvorsitzenden Dr. Josef Müller. Kam man in das »Loritz-Ministerium« in der Königinstraße und wollte man vom Minister etwas Programmatisches seitens der WAV hören, so griff er sofort an das rechte untere Schreibtischfach, grinste breit und sagte genüßlich:

»Hier habe ich ihn, den Dr. Josef Müller.« Gemeint waren natürlich Akten.

Am Montag, dem 15. September 1947, fanden sich um 9 Uhr früh die SPD-Minister und Staatssekretäre in der Prinzregentenstraße ein. In der Staatskanzlei nahm Ministerpräsident Dr. Hans Ehard die Rücktrittserklärungen entgegen. Der Regierungschef bedauerte den Schritt der SPD-Politiker. Sofort ging er an die Bildung einer neuen Regierung, die nur aus der CSU bestehen sollte. Das war für Ehard kein Problem, hatte doch die Christlich-Soziale Union im Bayerischen Landtag die absolute Mehrheit. Meinungsverschiedenheiten, die die CSU in eine Krise gebracht hatten, wurden fürs erste beigelegt. Und so konnte Ehard auch Dr. Josef Müller als Justizminister in das neue Kabinett berufen. Neuer Wirtschaftsminister wurde Dr. Hanns Seidel, der später Ministerpräsident werden sollte. Das Innenministerium übernahm Dr. Ankermüller, das Arbeitsressort ging an Heinrich Krehle.

Die Große Koalition, bestehend aus CSU und SPD – erlebte im Herbst 1950 eine Neuauflage. Diese Bindung hatte nicht nur eine Lebensdauer von 237 Tagen. Sie hatte über vier Jahre Bestand.

12. CSU in der Zerreißprobe

Die Abstimmungen im Plenum des ersten vom Volke gewählten bayerischen Nachkriegslandtags hatten Narben hinterlassen. Kein Wunder, denn der CSU-Landesvorsitzende Dr. Josef Müller, der sich als der führende Politiker des christlich-bürgerlichen Lagers gesehen hatte, hatte am 21. Dezember 1946 nicht die erforderlichen Stimmen erhalten, obgleich die Christlich-Soziale Union die stärkste Fraktion mit der absoluten Mehrheit stellen konnte. CSU-Abgeordnete hatten sich gegen ihren Parteivorsitzenden aufgelehnt. Die Enttäuschung über das Nein aus den eigenen Fraktionsreihen saß tief. Der Verlierer Dr. Josef Müller war nicht bereit, dem neuen Kultusminister und Fraktionsvorsitzenden der CSU Dr. Dr. Alois Hundhammer zu verzeihen. Diese parteiinternen Gegnerschaften überschatteten auch die Regierungskoalition aus CSU, SPD und WAV unter Führung von Ministerpräsident Dr. Hans Ehard.

»Parteiinterne Risse innerhalb der CSU« – so lautete die Überschrift eines Berichts der amerikanischen Militärregierung von Bayern mit Sitz in der Tegernseer Landstraße im Gebäude der ehemaligen »Reichszeugmeisterei«, wo heute die Maryland-University Vorlesungen anbietet. Den US-Offizieren hatte das offizielle Mitteilungsblatt der Christlich-Sozialen Union, für das Dr. Josef Müller verantwortlich zeichnete, vorgelegen. Man staunte, denn in der Ausgabe vom 11. Januar 1947 war eine nicht übersehbare Attacke gegen das Kabinett Ehard, also gegen die bayerische Regierung, an deren Spitze ein angesehener CSU-Politiker gestanden ist, enthalten. Dr. Josef König, der dem Müllerschen Kreis zugerechnet wurde, schrieb: »Man kann sich nicht des Eindrucks erwehren, daß das neue bayerische Kabinett den Sieg der die Fahne schwingenden klerikalen Ultra-Bayern über die Gemäßigten verkörpert.«

Wenngleich sie nach außen Gelassenheit zeigten, die Alt-Bayern Dr. Hundhammer, Landtagspräsident Dr. Michael Horlacher und der Generalsekretär des Bayerischen Bauernverbandes Dr. Alois Schlögl waren ihrerseits auch nicht müßig. Sie drehten an der Schraube, durch die schließlich die Spitze der Partei eine neue Form bekommen sollte. So dachte man unter anderem an die Schaffung eines Drei-Männer-Direktoriums, das den »alleinherrschenden« Landesvorsitzenden ersetzen sollte.

»Parteiinterner Streit«

Auf der anderen Seite erwogen Müller-Freunde, ein Parteigerichtsverfahren gegen Dr. Alois Schlögl und Dr. Georg Pix, den Chefredakteur der damaligen Isar-Post in Landshut, zu beantragen. Man war ganz massiv in den parteiinternen Clinch geraten. Zu diesem Gehackel kam noch die Nachricht, daß das Büro Schlögls von unbekannten Tätern durchstöbert worden sei. Diese hätten den Briefordner, in dem die Korrespondenz mit Dr. Wilhelm Hoegner enthalten gewesen sei, mitgehen lassen. Aber nicht genug damit. Am 27. Januar 1947 schreibt die Militärregierung von Bayern in ihrem Wochenbericht, daß im Rahmen eines offensichtlich politischen Vorgehens in das Sekretariat der Münchner SPD eingebrochen wurde, wobei Karteikarten über registrierte Mitglieder in einen Rucksack verstaut worden seien. Dieser wäre dann in einem unteren Geschoß des Gebäudes weggeworfen worden, weil die Täter anscheinend gestört worden seien. Der Rucksack als »politische Waffe«.

Der Spätsommer deutete unmißverständlich auf eine Zerreißprobe innerhalb der CSU hin. Mit Spannung erwartete man deshalb die 3. außerordentliche Landesversammlung, die für den 30./31. August 1947 in das Theater von Eichstätt einberufen worden war. Bevor man in der altehrwürdigen Stadt daran ging, wichtige Zukunftsentscheidungen zu treffen, wurde in einer Münchner Sitzung der CSU-Landtagsfraktion der lebhafte Wunsch nach einer Umbesetzung der Parteiführung geäußert, wobei sogar bisherige Freunde des Parteivorsitzenden nunmehr von Dr. Josef Müller, dem Geheimniskrämerei vorgeworfen wurde, abrückten. Unter einmütiger Ablehnung jeglicher Spaltungstendenzen wurden Anträge an die außerordentliche Landesversammlung gefaßt. In diesen wurden Maßnahmen zur Verbesserung der Zusammenarbeit zwischen Partei und Fraktion sowie die Bildung eines Direktoriums an Stelle des Parteivorsitzenden gefordert. Politische Entscheidungen von grundsätzlicher Bedeutung sollte ein Gremium treffen, dem neben dem Ministerpräsidenten, dem Landtagspräsidenten - sofern diese der CSU angehören - und dem Fraktionsvorsitzenden im Landtag auch Vertreter der Konfessionen, der Bauern, der Arbeiter und des Mittelstands angehören sollten.

Mit dem Holzvergaser

Dr. Josef Müller forderte seinerseits sachliche Auseinandersetzungen und lehnte Streitigkeiten persönlicher Art ab. Über 500 Delegierte machten sich auf den Weg nach Eichstätt, zum Teil auf halsbrecherischen Straßen und Wegen. Auf den Parkplätzen sah man Wagen, die am Heck einen weithin sichtbaren Holz-Gas-Ofen angebracht hatten. Mit dem Heizmaterial, das in Säcken auf dem Wagendach lagerte, wurde das Vehikel in Bewegung gesetzt. Man schrieb eben das Jahr 1947. In den Gängen des Eichstätter Theaters steckte man grüppchenweise die Köpfe zusammen. Man hörte von dem Verlangen nach einer klaren föderalistischen Linie und nach einer Umwandlung der Parteispitze in ein Gremium von Persönlichkeiten, die das Ganze zusammenhalten könnten. Da wünschten sich Delegierte in einer anderen Gangecke die Union als Hüterin einer fortschrittlichen Demokratie, wobei der Zusammenhalt mit den »schaffenden Schichten« betont werden sollte.
Und dann war es soweit. Die Delegierten wurden aufgefordert, im Saal Platz zu nehmen. Wir Berichterstatter saßen im Orchesterboden. Auch dorthin drang die knisternde Atmosphäre. Starken Beifall erntete Ministerpräsident Dr. Hans Ehard. Er, der

Mann des Ausgleichs, wollte von personellen Querelen nichts wissen. Im Mittelpunkt seiner Ausführungen stand die politische Aufgabe Bayerns. »Wie kommen wir über den nächsten Winter« – fragte Ehard und wies darauf hin, daß die schweren Sorgen in keiner Richtung geringer geworden seien. Sein Schlußsatz: »Immer noch steht die Welt vor der großen Aufgabe, dafür zu sorgen, daß am Ende des größten Krieges der Weltgeschichte wirklich der Friede und keine neuen Kriege stehen werden.«
Wird dieser Friedensappell Ehards auch als Aufforderung zur Aussöhnung in den Reihen der CSU verstanden werden, fragten wir uns im Orchesterboden. Wir hatten uns gerade in solche Gedanken vertieft, da ging es auch schon los. Bayerns Landwirtschaftsminister Dr. Josef Baumgartner zog vom Leder. Er übte Kritik an Dr. Josef Müller, an der Jungen Union und an dem Mitteilungsblatt der CSU, das nach seinem Eindruck nur einer bestimmten Gruppe zur Verfügung stünde. Beifall, aber auch Proteste. Die Regierungsarbeit von Baumgartner wurde einstimmig gebilligt.

154 Neinstimmen für Dr. Hundhammer

Würde eine solche Billigung auch Kultusminister Dr. Dr. Alois Hundhammer erhalten? Gleich nach seiner Rede, in der er die Einführung der Prügelstrafe in den Schulen verteidigt hatte, ging es um die Frage, Diskussion gleich oder später. Man diskutierte. Und dann wünschte sich Dr. Dr. Hundhammer eine sofortige Abstimmung uber das Vertrauensvotum. Wird man geheim oder offen votieren? Dr. Ehard warnte vor einer offenen Abstimmung. Eine solche würde nur »Haß von Mann zu Mann« erzeugen. Wer wünsche sich schon ein »Kainmal« auf der Stirn. Es ging hin und her, bis Dr. Josef Müller die Sitzung abbrach, weil es sowieso schon spät geworden war. Fortsetzung Sonntag.
Am 31. August 1947 erhoben die CSU-Frauen ihre warnende Stimme. Die Sprecherin Frau Lang-Brumann richtete an die Delegierten den dringenden Appell, »Friede und Wohlanständigkeit« zu bewahren.

Die geheime Vertrauensabstimmung für Kultusminister Dr. Dr. Hundhammer: 323 Stimmen für den Minister und seine Kulturpolitik, 154 Nein und 25 Stimmenthaltungen. Kein Zweifel für den Beobachter: die 154 Nein-Stimmen werden als Bumerang auf Dr. Josef Müller zukommen.
In seiner Rede beschwor der CSU-Landesvorsitzende seine Partei, mit den Streitereien und Stänkereien um Personen endlich aufzuhören. Dr. Müller schlug die Einsetzung eines Ältestenrats vor, der alle Vorwürfe und Beschuldigungen prüfen solle. Sein Gewissen sei rein. Müller lehnte die Schaffung eines Direktoriums ab und plädierte für 2 Stellvertreter. Zum Schluß schilderte er in dramatischer Form seine NS-Verfolgung und seine Leiden im KZ Flossenbürg, was Dr. Michael Horlacher nicht daran hinderte, noch einmal in kritischer Benotung zu erklären, die Partei brauche keine Führer. Die Zerreißprobe war eingeläutet. Auf dem Gang Dr. Horlacher zu Dr. Müller: »Vergiß nicht Sepp, daß ich dein Geburtshelfer gewesen bin.« Müller konterte: »Und ich bin inzwischen erwachsen, Michl.«
Ein Antrag von Dr. Michael Horlacher, der Landesleitung das Mißtrauen auszusprechen, ließ viele Delegierte aufschrecken. Ja, es gab einen kleinen Tumult. Der Landtagspräsident wollte natürlich nur Dr. Müller treffen. Eine textliche Fehlleistung also. Niemand wußte genau, worüber abzustimmen sei. Der Wahlleiter, der Münchner Stadtpfarrer Dr. Muhler, zeigte sich als Retter in der Not. Er schlug vor, für oder gegen Müller abzustimmen. Die Stimmzettel wurden ausgegeben. Und siehe da: Manche Delegierte erhielten sogar 2 oder gar 3 Stimmzettel. Wieso, warum? – darauf gab es keine offizielle Antwort. Hundhammer-Freunde tuschelten sich zu, daß Müller-Leute bis zu 3 Zettel ausfüllen könnten.
Stadtpfarrer Muhler ließ den Theatervorhang schließen, denn auf der Bühne begann die Stimmenauszählung. Das Resultat: 510 Stimmen waren abgegeben worden. Davon entfielen 308 auf Dr. Müller, 198 Delegierte sprachen sich gegen den CSU-Vorsitzenden aus. 10 enthielten sich der Stimme.
Der bauernschlaue Fuchs Dr. Müller wußte sehr wohl, daß die

endgültige Personalentscheidung nur aufgeschoben worden war. Zwei Jahre später passierte es dann in Straubing. Dr. Hans Ehard löste Dr. Josef Müller im Amt des CSU-Landesvorsitzenden ab. Erwähnt werden muß noch, daß alle Strukturanträge dem Landesausschuß zugeleitet wurden. Ein Direktorium der CSU wurde nie eingeführt. Dafür hat der jetzige Vorsitzende der Christlich-Sozialen Union 4 Stellvertreter.

13. Sie wählten den dritten ... Dr. Ehard

Die Landesversammlung der CSU 1949 in Straubing

Ist die CSU noch zu retten? – so fragten sich viele Mitglieder der großen Nachkriegspartei, die nach den furchtbaren Erlebnissen des »Dritten Reiches« die Christen beider Bekenntnisse zusammenführen, die eine politische Gemeinschaft aller Menschen, die sich zum Dialog und zum Gebot der Nächstenliebe als Grundlage der öffentlichen Ordnung bekannten, machen wollten. Was war geschehen, daß in den ersten Monaten des Jahres 1949 Schlagzeilen wie diese erschienen: »Hochspannung in der CSU«, »Findet die CSU eine Klärung?«, »Parteivorsitzender dringend gesucht«, »Konflikt in der CSU beeinflußt politische Gesamtentwicklung«, »Im Schmelztiegel der bayerischen Politik«, »Stürmische Landesversammlung der CSU erwartet«. Schlagzeilen, die bereits in Vergessenheit geraten sind, weil der politische Alltag der Christlich-Sozialen Union heute ganz anders aussieht.

Jedoch: 1949 gingen die internen Machtkämpfe an die Substanz der Partei. Seit drei Jahren erlebten Freunde und Gegner der CSU einen Kampf um Klärung persönlicher Differenzen. Die Hauptmatadoren: Dr. Josef Müller, der mit dem Reichsarbeitsminister der Weimarer Republik Adam Stegerwald, dem ersten Nachkriegs-Regierungspräsidenten von Unterfranken, 1945 der neuen Partei den Namen »CSU« geben konnte, und Dr. Dr. Alois Hundhammer, der durch und durch konservative Altbayer. Beide traten in der politischen Arena zu immer neuen Runden an.

Für Dr. Hundhammer war der erste Landesvorsitzende der CSU, Dr. Josef Müller, der Ochsensepp, wie man ihn bereits als Bub in seiner fränkischen Heimat nannte, an der Spitze der Partei nicht mehr tragbar geworden. Und warum nicht? Nun, Dr. Josef Müller hatte am 17. Mai 1946 vor der ersten von allen Kreisverbänden beschickten Landesversammlung der Christlich-Sozialen Union die Politik der CSU mit folgenden Parolen umrissen: keine Alleinherrschaft einer Partei; nicht Klassen, sondern

Volkseinheit; keine Parteibuchwirtschaft mehr; kein Separatismus, sondern Reichseinheit, in der die Selbständigkeit der einzelnen Länder gewahrt bleiben sollte.
Dr. Hundhammer witterte Gefahren. Er verfolgte skeptisch und mit unguten Gefühlen die Aktivitäten des ersten CSU-Landesvorsitzenden. Aber nicht nur Hundhammer, auch andere Parteimitglieder stießen sich an den Plänen des Rechtsanwalts aus München. Sie hielten zum Beispiel die gesamtdeutschen Wiedervereinigungspläne des CSU-Vorsitzenden für Geheimniskrämerei voller Risiken. Dieser Kreis wollte keine CSU, die von einem Mann zentralistisch geführt wird. Die Mannen um Hundhammer sahen sich der aus »Bauernschläue« entsprungenen politischen Taktik, einer gewissen Geheimdiplomatie, ausgesetzt. Ganz sicher: Dr. Josef Müller wollte an bestimmte konservative Traditionen nicht mehr anknüpfen. Am Taktieren hatte der Mann, auf dessen kleinem Körper ein mächter Kopf saß, wirklich seine Freude. Es mangelte nicht an Geschichten und Gerüchten. Da erzählte man sich folgende hinter vorgehaltener Hand:
Dr. Josef Müller wollte unzweifelhaft durch persönliche Beziehungen zu großen Politikern im In- und Ausland imponieren. Und so wurde gemunkelt, daß auf seinem Schreibtisch in der Gedonstraße mehrere Telefone gestanden seien. Hatte er nun einen wichtigen Besucher vor sich sitzen, so klingelte es plötzlich aus dem Sekretariat. »Wer will mich sprechen? Adenauer? Ich rufe zurück.« Eine Minute später. Das Telefon rührt sich wieder. »Ja, was? De Gasperi. Ich habe Besuch. Rufe in Rom gleich an.« Und dann wurden auch die Außenminister Frankreichs und Österreichs, Robert Schuman und Dr. Figl, auf Rückrufe vertröstet. Mit Schmunzeln wurden diese Geschichten erzählt. Ob sie der Wahrheit entsprechen – wer weiß es?
Für Dr. Josef Müller steckte im politischen Anfang bereits das Ende des erhofften Höhenflugs. Für uns Journalisten war jede Begegnung, jedes Gespräch mit dem »Ochsensepp« etwas Besonderes. Man fühlte sich in eine politische Welt versetzt, die stets für Überraschungen gut war, die nicht alltägliche Informa-

tionen zu bieten hatte, die auf einen Mann zugeschnitten war – auf Dr. Josef Müller.
Im Eichstätter Theater gelang es Müller am 31. August 1947, noch einmal zum Landesvorsitzenden der Christlich-Sozialen Union gewählt zu werden. Die Wiederwahl schaffte er durch eine dramatische Schilderung seiner Verfolgung durch die Nazis. Aber er war sich wohl dessen bewußt, daß es ein Pyrrhus-Sieg gewesen war. Die Fronten verschärften sich. Im März des Jahres 1949 verlangte der CSU-Fraktionsvorsitzende im Bayerischen Landtag, Dr. Alois Hundhammer, einen Wechsel an der Parteispitze. Widrigenfalls »wolle er mit seinen Freunden der CSU den Rücken kehren«. Der Bezirksverband Oberfranken der Christlich-Sozialen Union wählte den Bamberger Bürgermeister Anton Hergenröder zu seinem Vorsitzenden, also einen ausgesprochenen Müller-Gegner. Das schmerzte den »Ochsensepp«, denn er war ja im oberfränkischen Steinwiesen geboren. Aus Mittelfranken kam die Kunde nach München, daß man dort an die Gründung eines CDU-Verbandes denke. Ende März 1949 wurde ein sogenannter Gautinger Kreis ins Leben gerufen. Unter den Gründern befanden sich auch Landtagsabgeordnete. Dieser Kreis hatte sich zur Aufgabe gemacht, auf der kommenden Landesversammlung der CSU in Straubing die Neuwahl des Landesvorsitzenden so zu beeinflussen, daß künftig alle persönlichen Streitigkeiten innerhalb der Partei einer sachlichen Arbeit Platz machen sollten. Und am 9. April 1949 wußte man es: Die Münchner CSU ist für Dr. Hans Ehard, Bayerns Ministerpräsidenten. Dr. Josef Müller »solle seine Kandidatur zurückziehen«. Die »Union der Ausgewiesenen« sprach sich dagegen für die Politik Dr. Müllers aus. Die Straubinger Wahlschlacht war bereits vorprogrammiert.

Die Straubinger »Schlacht«

Weil man wußte, daß in den letzten Tagen des Mai 1949 bei der CSU-Landesversammlung mit harten Bandagen gekämpft werden würde, hatte man gewisse Vorkehrungen getroffen, von denen Außenstehende noch nichts wissen konnten. Mit New-Look-Kleidern, bäuerlichem und gutbürgerlichem Sonntagsstaat, dekorativ gestalteten Schaufensterlagen paßte sich die Bevölkerung dem großstädtischen Fluidum an, das etwa 1000 Besucher, Minister, Abgeordnete, Delegierte, Presseleute und sonstige Schlachtenbummler in Hunderten von Autos in ihr verträumtes, mittelalterliches Städtchen brachten. Die Bürger stauten sich vor dem Lautsprecher am Eingang zum Kronensaal, dem Tagungsraum, dessen Äußeres durch grüne Girlanden und weiß-blaue Fahnen aufgewertet worden war. In den Genuß, den Höhepunkt des erbitterten Ringens mitzuerleben, kamen die Bürger jedoch nicht. Von den heftigen Debatten vor der Wahl des Landesvorsitzenden, den gegeneinander vorgebrachten, schweren Anschuldigungen, den tumultartigen Szenen und der erhitzt-hochgespannten Atmosphäre im Kronensaal gab der Lautsprecher nichts kund.

»Wir wollen Familienangelegenheiten unter uns aushandeln. Gott sei Dank ist die CSU noch eine Familie.« Mit diesen Worten wurden die in- und ausländischen Journalisten vom Plenum der Landesversammlung ausgeschlossen. Nur eine Ausnahme wurde gemacht: Hans-Ulrich Kempski (heute der Chefreporter der *Süddeutschen Zeitung*) durfte als Vertreter der DENA, der Vorläuferin der dpa, das Gehörte und Gesehene im Saal selbst zu Papier bringen. Und die anderen Journalisten? Ich erinnere mich noch gut: Findigerweise hatten wir uns, den Ausschluß vorausahnend, noch vor Beginn der Tagung mit den Geheimnissen des Lokals vertraut gemacht. Es fiel uns deshalb nicht schwer, nach halsbrecherischen Kletterpartien und kreppsohlengedämpftem Anschleichen auf das Saaldach zu gelangen. Da lagen wir nun und preßten unsere Ohren auf Bodenlöcher. Und siehe da; wir bekamen die »Wahlschlacht« hörbar mit. Ich erinnere mich noch sehr genau, wie Dr. Hundhammer, dem die Nerven durchzugehen drohten, Dr. Müller ein böses Wort aus dem Vokabular der Tierwelt zuschrie.

Franz Strauß als Vermittler

Die Luft der Kampfdebatte war zum Zerschneiden dick geworden. Alle bisher unter der Oberfläche gebliebenen, den Hintergrund der politischen Intrigen bildenden Geschehnisse schafften sich ein Ventil. Viele der mehr oder weniger im politischen Raum noch ungeübten Delegierten bekamen das Gefühl, seekrank zu sein. Hie Müller – da Hundhammer. Die »Seekranken« erblickten in Dr. Hans Ehard den Mann, der sie allein auf festes Land führen könnte. Unter starkem Beifall verließ Dr. Hundhammer die Rednertribüne, nachdem er lautstark empfohlen hatte: »Wenn zwei sich streiten, wählt den dritten!« Der Generalsekretär der CSU und Abgeordnete im Frankfurter Wirtschaftsrat, Franz Strauß (der zweite Vornahme Josef kam erst im Bundestag hinzu, um Namensverwechslungen vorzubeugen), versuchte, mit seinen Ausführungen zu vermitteln und erklärte, es sei notwendig, die Exponenten der CSU vor einen Wagen zu spannen. Wenn dies nicht gelänge, werde eine gewisse Gruppe, die er nicht näher bezeichnen wollte, nach verlorenem Wahlkampf andere Wege beschreiten, als sie bei der Gründung der Partei im Programm aufgezeigt worden seien. Strauß warnte die Versammlung eindringlich, durch eine unüberlegte Wahl Dr. Ehards, dessen Ansehen als Staatsmann zu gefährden. Ein Parteivorsitzender komme nicht ohne parteipolitische Polemik aus. (So 1949 die Vergleichsanalyse zum Thema »Staatsmann und Parteivorsitzender«.)

Ehard siegte

Nun, im Kronensaal wandte sich die Stimmung allmählich klar zugunsten Dr. Ehards. Die Mehrheit wollte den Mann des Ausgleichs, den Verfechter des Rechts an der Spitze der CSU sehen. Diesem Wunsch entsprach dann auch am 29. Mai 1949 die Landesversammlung. Für den bayerischen Ministerpräsidenten wurden 396, für den bisherigen Landesvorsitzenden 161 Stimmen abgegeben. Dr. Hans Ehard, der sich nie nach Ämtern gedrängt hat, nach der Wahl als neuer Landesvorsitzender: »Wenn es mir gelingt, die CSU über die Schwierigkeiten der nächsten Monate hinwegzubringen, dann würde ich meine Aufgabe als Vorsitzender als erfüllt ansehen.« Dr. Hundhammer, den man nach der Wahl Dr. Ehards als den eigentlichen Sieger bezeichnete, erklärte uns in strahlender Laune, daß er auf diesen Tag drei Jahre gewartet habe. Der Präsident des Bayerischen Landtags, Dr. Michael Horlacher, ein Freund Müllers, machte aus seiner Verärgerung keinen Hehl. Für uns überraschend meinte der beliebte rustikale Politiker, er ziehe sich von allen Parteifunktionen zurück und werde sich intensiv seiner Tätigkeit als Direktor des Raiffeisenverbandes widmen. Ganz so ging es bei Horlacher nun doch nicht ab. Viele Jahre war er ein weit über seine Heimatgrenzen bekannter Abgeordneter des Deutschen Bundestags.

Und Dr. Josef Müller? Es hatte ihn in Straubing tief getroffen. Müller war vor allem über ein Telefongespräch des ehemaligen CDU-Chefs der Ostzone, Jakob Kaiser, den er bis dahin als Freund gepriesen hatte, erschüttert. Kaiser hatte die Nichtwiederwahl Müllers empfohlen. Der spätere Bundesminister für gesamtdeutsche Fragen hatte seinen Ratschlag nicht vergebens gegeben.

Man wählte in Straubing den dritten. Als Dr. Hans Ehard am Sonntag, dem 30. Mai 1949, den Vorsitz der Landesversammlung übernahm, erklärte er: »Bis zu diesem Augenblick hätte ich lieber nein als ja gesagt.« In einer längeren Ansprache bat der neue Landesvorsitzende im Interesse der Partei, nunmehr alle persönlichen Streitigkeiten fallenzulassen und zusammenzuhalten. Zuvor war es zu einem »protokollwidrigen« Vorfall echt bayerischer Prägung gekommen. Der durch seinen drastischen Humor bekannte Landtagspräsident Dr. Michael Horlacher konnte seinen unverhohlenen Ärger über die Niederlage von Dr. Müller nicht überwinden. Und so vergaß er am Tag der Wahl, Dr. Ehard offiziell den Vorsitz der Versammlung zu übergeben. Mit den Worten: »Nachdem mir niemand den Vorsitz übertragen hat, muß ich ihn mir wohl selbst nehmen«, rettete Dr. Hans Ehard die

Situation und griff zur Glocke. Mit dieser läutete der hochangesehene Politiker und Staatsmann eine neue Runde in der Geschichte der Christlich-Sozialen Union ein. Mit Beginn des neuen Kapitels erhielt auch der Generalsekretär der CSU, Franz Josef Strauß, mehr politischen Spielraum. 1961 wurde Strauß dann Nachfolger von Dr. Hans Ehard.

Aber noch einmal zurück nach Straubing, wo wir auf dem Dachboden gelegen sind. Da die Landesversammlung unter Ausschluß der Öffentlichkeit ablaufen sollte, hatten einige interessierte Besucher versucht, ein Mikrofon und Verstärkeranlage zum heimlichen Einbau im Tagungslokal zu besorgen. Bei dem Radiohändler in Straubing, an den sie sich wandten, kamen sie jedoch an die falsche Adresse. Empört erklärte dieser: »Ich bin Mitglied der CSU!«

14. Ein Versuch Dr. Ehards

Die Ministerpräsidenten-Konferenz 1947 in München

Nicht weit vom Münchner Bahnhofsplatz stand das »Hotel Schottenhamel«, in dem es Anfang Juni 1947 emsig zuging. Der Senior-Chef hatte dem Personal der Nobel-Herberge die Anweisung gegeben, alles auf Hochglanz zu bringen – soweit das natürlich unter den damaligen Umständen – überhaupt möglich war. Aber man putzte und schrubbte, hoher Besuch stand an. Man erwartete die fünf Ministerpräsidenten aus der sowjetisch besetzten Zone, die Länderchefs aus Sachsen, Sachsen-Anhalt, Thüringen, Mecklenburg und Mark Brandenburg. Hoher Besuch also, der ein geschichtliches Ereignis versprach. Es wurde auch ein Ereignis, dessen Ablauf jedoch nicht so vonstatten ging, wie es sich der Einladende, der bayerische Ministerpräsident Dr. Hans Ehard, gewünscht hatte. Er wollte nämlich am 6. und 7. Juni 1947 den 17 deutschen Regierungschefs der amerikanischen, britischen, französischen und sowjetischen Besatzungszone die Frage stellen, wie man gemeinsam die Not lindern, wie man zusammen das Chaos überwinden könne. Auch Berlin war an den Konferenztisch gebeten worden. Dieser war im Sitzungssaal des bayerischen Wirtschaftsministeriums an der Prinzregentenstraße aufgestellt worden.

Am zweiten Jahrestag der bedingungslosen Kapitulation hatte Bayerns Ministerpräsident Dr. Hans Ehard die Regierungschefs aller Länder der vier Zonen zu einer Konferenz nach München eingeladen. Ehard wollte einen zweiten Krisenwinter verhindern. Ihm schwebte jedoch als Staatsmann noch mehr vor, wie man aus dem Schreiben an seine Amtskollegen entnehmen kann. In diesem steht:

»Die bayerische Regierung hofft, daß die Ministerpräsidenten der Länder in allen vier Zonen an den Beratungen teilnehmen, um ihr grundsätzliches Bekenntnis zur Zusammengehörigkeit aller Teile Deutschlands und den Willen zum gemeinsamen Aufbau einer neuen staatlichen Form darzutun.«

Die Bayerische Staatsregierung – damals eine CSU/SPD-Koalition, die bis zum 20. September 1947 gehalten hat – wollte mit ihrem Schritt versuchen, das Dickicht der Vorurteile und Mißverständnisse zu lichten, das sich zwischen den Deutschen der einzelnen Zonen gebildet hatte. Wird der Appell Ehards in den Ländern der Sowjetzone auf taube oder offene Ohren stoßen? Werden die Ministerpräsidenten aus Sachsen, Sachsen-Anhalt, Thüringen, Mecklenburg und Mark Brandenburg kommen? Die Journalisten schlossen Wetten ab.

Aus den westzonalen Ländern Baden, Bremen, Hamburg, Hessen, Niedersachsen, Nordrhein-Westfalen, Rheinland-Pfalz, Schleswig-Holstein, Württemberg-Baden und Württemberg-Hohenzollern sowie Berlin (West) trafen bald in München die ersten Zusagen ein. Damals gab es noch kein Baden-Württemberg. Vorbehalte gab es bei der ostzonalen SED. Aber auch die SPD hatte Bedenken. Ihr Vorsitzender Dr. Kurt Schumacher hatte in einer Rede in Kassel gesagt, kein sozialdemokratischer Ministerpräsident könne sich mit Vertretern der SED an einen Verhandlungstisch setzen, solange die Sozialdemokratie in der Ostzone nicht als gleichberechtigte Partei anerkannt sei. Die SED wollte ihrerseits eine Parteien-Konferenz und nicht eine Tagung der Ministerpräsidenten. Vorbehalte hin, Vorbehalte her. Doch plötzlich schienen sie unter den Tisch gekehrt. So erhob die sowjetisch besetzte Zone nicht mehr die Forderung, die Tagung von München nach Berlin zu verlegen.

Und doch: Ungewißheit überschattete die Tage vor Konferenzbeginn, denn es war zum Beispiel nicht sicher, ob die Ministerpräsidenten aus der französischen Zone würden kommen können. Sie reisten erst im letzten Augenblick an. Und zwar mit der Weisung, sofort wieder abzureisen, wenn in München über die Frage einer »Neugründung des Reiches« gesprochen werden sollte. Nun, die Länderchefs der französisch besetzten Zone sind in der bayerischen Hauptstadt geblieben. Nicht so die sowjetzonalen Ministerpräsidenten.

Diese waren am 5. Juni 1947 mit großen Wagen und Chauffeuren in »Operetten-Uniformen« an die Isar gekommen. Im Hotel

Schottenhamel atmete man zwar erleichtert auf, doch hatte man mit mehr Gästen gerechnet. Die ostzonalen Länderchefs waren nämlich ohne Referenten, ohne Sachbearbeiter vorgefahren. Sie waren allein. Das ließ nichts Gutes ahnen. Ein Journalist meinte: »Das geht schief.« Und er sollte recht behalten.

In der Vorbesprechung vom 5. Juni versuchten die Amtskollegen aus den Gebieten, die heute zur DDR gehören, sogleich die Ministerpräsidenten-Konferenz zu sprengen. Sie verlangten, auf die Tagesordnung einen Punkt als Nr. 1 zu setzen, der nach ihrem Verlangen die entscheidende Voraussetzung für die Verhandlungen der Konferenz werden sollte. Der Antrag lautete: »Bildung einer deutschen Zentralverwaltung durch Verständigung der demokratischen Parteien und Gewerkschaften zur Schaffung eines Einheitsstaates.«

In den vorausgegangenen Kommissionsbesprechungen, zu welchen die Vertreter der Ostzone trotz Einladung nicht erschienen waren, hatte Ministerpräsident Dr. Ehard ein ausdrückliches Bekenntnis zur deutschen Einheit angekündigt. Darauf machte er seine ostzonalen Amtskollegen auf Münchner Boden sofort aufmerksam. Auch die übrigen Länderchefs aus den Westzonen brachten übereinstimmend zum Ausdruck, daß im Rahmen der Konferenz die Notwendigkeit der deutschen Einheit bei allen Punkten der Tagesordnung nachdrücklich betont werden müsse. Die Meinungen gingen nur darüber auseinander, ob dies als gesonderter Punkt der Tagesordnung und in Form einer Aufforderung an die politischen Parteien geschehen sollte.

Noch während der sachlich geführten Aussprache zogen sich die Länderchefs aus der sowjetisch besetzten Zone zu einer mehr als einstündigen Beratung zurück. Sie ließen sodann durch den Ministerpräsidenten von Mark Brandenburg, Dr. Steinhoff, erklären, daß sie sich gezwungen sähen, die Teilnahme an der weiteren Konferenz abzulehnen. Und sie verließen den Saal. Zu Journalisten sagte der thüringische Regierungschef Dr. Paul: »Nicht eine Ministerpräsidenten-Konferenz, sondern nur eine Volksabstimmung des ganzen deutschen Volkes kann über die Struktur Deutschlands und die Funktion der Länder entscheiden.«

Unvergessen blieben Dr. Ehard die Worte von Dr. Paul, die der Thüringer bei seinem Abschied dem Franken, dem er insgeheim Hochachtung zollte, mit gedämpfter Stimme gesagt hatte: »Es tut uns sehr leid. Aber wir sind mit gebundener Marschroute nach München gekommen. Wir mußten die Sache platzen lassen.« Übrigens: Dr. Paul kam bald nach Westdeutschland und bat hier um politisches Asyl.

Aber noch einmal zum 6. Juni 1947. Im Hotel Schottenhamel war man nervös geworden, denn schnell hatte sich herumgesprochen, daß die Gäste aus der Ostzone wieder ihre Koffer packten – und das, obwohl sie keine 24 Stunden vorher angekommen waren. Ein Teil der ostzonalen Ministerpräsidenten verließ früh um 7.15 Uhr das Hotel. Die anderen traten um 10 Uhr vormittags die Rückfahrt nach Sachsen und Mark Brandenburg an. Dr. Ehard vernahm mit Staunen, daß seine Amtskollegen aus der Ostzone gleich nach ihrer Ankunft in ihren Zentralen über den Rundfunk erzählt hatten, alles auf dem Weg nach Nürnberg sei rechts und links verwüstet gewesen. Es sei nichts bewirtschaftet. Alles befinde sich in schrecklicher Unordnung.

Die Abreise der Gäste aus den sowjetzonalen Ländern nahm Ehard mit Bedauern zur Kenntnis. Keinen Moment zögerte er jedoch, die Konferenz fortzusetzen, um die Frage zu behandeln: Wie kommen wir über den nächsten Winter? Bayerns Regierungschef sah ein furchtbares Chaos heraufziehen. Er hatte alarmierende Zahlen erhalten. So sollten 65 000 Stück Großvieh nach außerhalb Bayerns transportiert werden. Ferner waren eine Million Zentner Kartoffeln an Westfalen und Württemberg-Baden zu liefern. Man sprach von einer Tragödie, in der Menschen, die nur noch aus Haut und Knochen bestanden, dahinlebten oder herumirrten. Für Hülsenfrüchte, Trockenmilch, Trockenei und Marmelade war in den Juni-Tagen des Jahres 47 kein Lebensmittelmarken-Aufruf vorgesehen. Und das bei einer täglichen Zuteilung von 260 Gramm Brot und 340 Gramm Kartoffeln.

Im Münchner »Haus der Kunst« hatte es eine »Ausstellung« gegeben, die zeigen sollte, wie man unter anderem aus alten Stahlhelmen Kochtöpfe und aus übriggebliebenen Wehrmachtsuniformen zivile Kleidungsstücke machen könne. In der Ostzone gab es gleiche Probleme, gleiche Ratschläge.

Und gerade deshalb wollte Dr. Ehard, daß man gemeinsam an der Linderung der Not herangehen sollte.

»Alle deutschen Länder sollen untrennbar verbunden sein. Und gemeinsam wollen wir den Weg bauen für eine bessere Zukunft des einen deutschen Volkes.« Mit diesen Worten eröffnete der bayerische Regierungschef am 6. Juni 1947 die Ministerpräsidenten-Konferenz in München.

»Wenn man uns hören will, können wir – das möchte ich mit tiefstem Ernst aussprechen – zu allen Fragen eine Lösung aufzeigen. Wir wollen nicht trennen, wir wollen verbinden.« Das waren die letzten Sätze, mit denen Dr. Ehard die Konferenz im Sitzungssaal des bayerischen Wirtschaftsministeriums schloß.

Die Arbeitsausschüsse hatten eine Reihe von Resolutionen ausgearbeitet. Es waren elf Klagelieder.

»Die deutsche Frage muß gelöst werden«,
»Linderung der Ernährungskrise dringend erforderlich«,
»Maßnahmen für die Wirtschaft erforderlich«,
»Das Schicksal der deutschen Kriegsgefangenen lösen«,
»Das Besatzungsrecht regeln« und
»Kein Hereinströmen mehr von Flüchtlingen«.

Einige Sätze aus der Ansprache des Bayerischen Ministerpräsidenten über Radio Munich am 14. Juni 1947 um 19.45 Uhr seien noch angeführt, denn diese charakterisieren in besonderer Weise den Politiker, den Menschen, den Mann des Rechts, Dr. Hans Ehard.

»Jeder, der die Atmosphäre der Münchner Konferenz erlebt hat, muß das überstürzte Ausscheiden der Vertreter der Ostzone aufs tiefste bedauern. Denn Einigkeit war ja überhaupt die Voraussetzung für die ganze Tagung. Dieses Gefühl der Gemeinschaft über Zonengrenzen hinweg, der Zusammengehörigkeit auch in den Tagen des Zusammenbruchs, in Not und Elend, war es ja gerade, was die Ministerpräsidenten nach München gebracht hat.«

Es war im Juni 1947 der erste und letzte Versuch, alle deutschen Ministerpräsidenten aus West und Ost, aus Nord und Süd an einen Tisch zu bringen. Bei seinem letzten Rückblick im Kreise ihm nahestehender Journalisten meinte Dr. Hans Ehard: »Wir sind bis heute nicht weitergekommen.«

15. »Eigentlich sind sie alle Bayern . . .«

Erinnerungen an das Flüchtlingsproblem nach dem Ende des Zweiten Weltkriegs

Es ist Spätsommertag. Die Sonne scheint warm auf München, das begonnen hat, aus Schutt und Asche neue Hoffnungen für die schwer geplagten Menschen zu erwecken. Zwischen den Ruinen, die als Mahnmal an die schrecklichen Bombenangriffe, an die Brände und Explosionen in den Himmel ragen, gibt es wieder Leben. Es ist der 12. September 1945, 10 Uhr vormittags. 12 US-Trucks fahren in die Wendl-Dietrich-Straße ein. Es sind Lastwagen der 16. amerikanischen Panzer-Division, einer Einheit, die gar nicht in Bayern, geschweige denn in München stationiert ist.

Die Trucks halten vor den Hausnummern 28, 30 und 32. Die hinteren Wagenklappen werden von den US-Soldaten nach unten gekippt. Übernächtigte Männer, Frauen und Kinder springen, sich gegenseitig stützend, auf die Wendl-Dietrich-Straße. Es sind 182 alte und junge Menschen, die nun still umherblicken. Ist das die neue Heimat? Straßenpassanten bleiben stehen und wundern sich. Das hat man in München noch nicht erlebt. Die 182 Menschen – was sind sie? Amerikanische Zivilisten? Nein, danach sehen sie nicht aus. Sie sprechen auch Deutsch miteinander. Und zwar mit einem Dialekt, der dem ähnelt, den man im Bayerischen Wald spricht. Bald weiß man es. Marienbader – also Sudetendeutsche – sind es. Aber warum werden sie von der amerikanischen Armee an freistehende Wohnungen in München transportiert? An Wohnungen, die bisher von ehemaligen DP's belegt gewesen sind (Displaced Persons – Menschen, die als Arbeiter von den Nazis gewaltsam nach Deutschland transportiert worden waren).

Nun, diese Marienbader hatten großes Glück. Ein bis heute ungeklärter Zufall brachte sie in ihre neue Heimat München. Und zwar unter Umgehung eines Lagers, unter Ersparung von Not und Elend, das die anderen Flüchtlinge und Vertriebenen durchzustehen hatten. In Marienbad hatte die US-Army ganz plötzlich deutsche Sekretärinnen und anderes weibliches Personal für München gesucht. Sie durften sogar die engsten Verwandten mitnehmen. Auch mehr Gepäck als sonst war den Flüchtlingen erlaubt worden. Bis heute weiß man nicht, wer diesen Transport veranlaßt hatte. War es ein hoher Amerikaner, der aus dem westböhmischen Marienbad, dem weltbekannten Kurort, stammte? Wollte er Menschen des sudetendeutschen Bäderdreiecks unerkannt etwas Gutes angedeihen lassen? Etwas Gutes im Flüchtlingsinferno. Man wird es nie herausbekommen. Die jungen Marienbaderinnen erhielten Wohnraum in der Wendl-Dietrich-Straße sowie Arbeit bei amerikanischen Dienststellen in München. Der Weg in die neue Heimat hatte diesmal nicht über Dornen geführt.

München-Pasing. Es ist der gleiche Tag. Der 12. September 1945. Reglos liegen die Bahngeleise unter dem flimmernden Himmel. Nur ein Papier tanzt über die Schienen. Die einzige Bewegung in dem toten Bild. Da steht ein Zug. Ein Flüchtlingszug. Die Reichsbahn führt ihn unter »abgestellt«. Das heißt: Er steht auf einem toten Gleis. Waggons mit Frauen, Kindern und alten Männern. 30 in einem Wagen mit ihrem Gepäck. In der halboffenen Tür des ersten Wagens sitzt ein Mädchen und läßt die Beine baumeln. Irgendwo weint ein Kind. Das junge Mädchen blickt gleichgültig über die staubige Ebene. Sie springt vom Wagen herab und tut ein paar Schritte. Die Sonne steht ihr im Rücken und wirft einen langen Schatten voraus. Sehr lang ist dieser Schatten der Vergangenheit auf ihrem Weg ins neue Leben, in dem man vorerst ständig zurückdenken wird – an das Zuhause.

Wendl-Dietrich-Straße – München-Neuhausen: eine breite Skala der Flüchtlingsschicksale nach dem Zweiten Weltkrieg.

Mitte Dezember 1945 hat Bayern bereits 710 666 Flüchtlinge aufgenommen. Bis 1. Oktober 1946 stieg die Gesamtzahl der Vertriebenen auf 1 536 749 an. Die bayerischen Politiker, die von der amerikanischen Militärregierung in wichtige Ämter eingesetzt worden waren, sahen sich fast unlösbaren Problemen gegenüber. Am 29. Oktober 1946 wurden für Bayern rund 1,66

Millionen Flüchtlinge gemeldet. Diese machten damals 19 Prozent der Gesamtbevölkerung aus. Zwei Drittel aller Flüchtlinge kamen aus Gebieten, die nach dem Zweiten Weltkrieg wieder Ausland geworden waren. 52 Prozent waren Sudetendeutsche. Oberbayern hatte zu jener Zeit 380000 Flüchtlinge aufgenommen. Dieser Regierungsbezirk stand in der Aufnahmestatistik an erster Stelle. Es gab viele Flüchtlinge, die in München, das schon damals wie ein Magnet wirkte, ein neues Leben beginnen wollten, mit neuen Hoffnungen und Zielen. Wie aber die Menschen unterbringen, wie sie ernähren?

Tausende von Flüchtlingen mußten – wie auch Münchner selbst – mit Quartieren des Elends vorliebnehmen. Der Weg in die Zukunft führte über Schlangen vor Ämtern, die Formulare zum Ausfüllen verteilten. Da gab es Gedrucktes, auf dem draufstand: »Flüchtlingsuntersuchungs-Weiterleitungsschein.« Auf diesem waren Arbeitsfähigkeit und -möglichkeit vermerkt. Nur auf Grund dieses Scheines gab es Zuzugsgenehmigung und Lebensmittelkarten in der zugewiesenen Gemeinde. Manche sind gleich vom Lager aus als Facharbeiter einzeln verteilt worden. Am Unterbringungsort gab es dann einen Flüchtlingspaß und darauf wieder Bezugsscheine.

Der bayerische Innenminister Josef Seifried im Jahre 1946: »Natürlich, Flüchtlinge sind vollwertige bayerische Staatsbürger. Sie haben die gleichen Pflichten und Rechte wie die Alteingesessenen. Ja, die Arbeitsämter sind angewiesen, sie bevorzugt in den Arbeitsprozeß einzureihen, um ihnen möglichst rasch das Gefühl der Heimatlosigkeit zu nehmen. Die Abneigung des Bayern gegen ›Zuagereiste‹, nicht zuletzt eine Folge des Benehmens vieler Evakuierter aus der Kriegszeit, darf sich unter keinen Umständen gegen Flüchtlinge richten.«

Wird Bayern die zusätzlichen Menschenmassen ernähren können? So die Frage damals an den Minister. Antwort: »Nur mit Hilfe des Auslands, und zwar mit beträchtlicher.« Die Care-Paket-Aktion war ein wichtiger Teil dieser erwarteten Hilfe – und zwar der erhofften aus den USA.

Minister Seifried hatte einen Staatskommissar für das Flücht-

lingswesen zur Seite. Er hieß Wolfgang Jaenicke. Am 17. Oktober 1981 jährte sich zum hundertsten Male der Geburtstag des »Vaters der deutschen Flüchtlingsverwaltung«, wie Jaenicke genannt wurde. Der Staatskommissar erkannte, wie Prof. Dr. Martin Kornrumpf in einer Broschüre schreibt, die er anläßlich des 100. Geburtstag von Jaenicke herausgegeben hat, früher und präziser als viele Politiker bereits an der Jahreswende 1945/46 Größe und Schwere des Problems und gab deshalb schon Anfang 1946 seinen 166 Flüchtlingskommissaren in den Stadt- und Landkreisen großzügige und vorausschauende Anordnungen. Nach dem Flüchtlingsnotgesetz vom 14. Dezember 1945 hatte der Staatskommissar geradezu diktatorische Vollmachten. Er machte jedoch von diesen fast überhaupt keinen Gebrauch, weil diese Einstellung seinem ganzen Wesen widersprach. Prof. Kornrumpf erinnert daran, daß der Staatskommissar in liberal-demokratischen Auffassungen groß geworden sei.
Wolfgang Jaenicke, später Botschafter in Pakistan und am Heiligen Stuhl, war der Urtyp des tüchtigen und ganz seinem Dienst hingegebenen preußischen Beamten »besten Schlages«, wie seine schlesischen Landsleute sagten. Er bekannte sich zur Selbstverwaltung. Wer ihn persönlich erlebt hat, dem ist Wolfgang Jaenicke, von Anfang 1947 bis Ende 1950 Staatssekretär in der ersten vom Bayerischen Landtag bestätigten Staatsregierung, als ein Verwaltungsorganisator hohen Ranges in Erinnerung geblieben. Sein Stellvertreter war 1945/46 der sudetendeutsche Sozialdemokrat Richard Reitzner, von dem man schon damals sagen konnte, daß er ein wahrer Europäer gewesen ist, im Denken und im Handeln. Viele Anregungen und Vorschläge erhielt Jaenicke auch vom Hauptausschuß der Flüchtlinge und Vertriebenen, einem Gremium, um das es still geworden ist. Jaenicke, der Sohn eines angesehenen Breslauer Bürgermeisters, starb im 87. Lebensjahr Anfang April 1968 in Lenggries.

Erste Sitzung des Flüchtlingsfragen-Ausschusses

Der »Ausschuß für Flüchtlingsfragen«, den die Verfassunggebende Landesversammlung eingesetzt hatte, trat am 1. Oktober 1946 zu seiner ersten und einzigen Sitzung zusammen. Und zwar im Haus der Rhein-Main-Donau AG. Von den 20 Mitgliedern dieses Gremiums lebt niemand mehr. Im ersten vom Volk gewählten Bayerischen Landtag wurde ein »Ausschuß für Flüchtlingsfragen« gebildet, dem 28 Abgeordnete angehörten. Unter ihnen waren vier Vertriebene, alle aus Schlesien stammend.

Die erste Sitzung des Landtagsausschusses für Flüchtlingsfragen fand am 26. März 1947 im Sitzungssaal der Staatskanzlei statt. An den Beratungen nahm auch Staatssekretär Wolfgang Jaenicke teil, dessen Einführung von Prof. Kornrumpf als wohl die erste schriftlich dokumentierte Feststellung einer Stammesverwandtschaft der Sudetendeutschen aber auch der anderen Flüchtlinge mit den Bayern dargestellt wird. Heute werden ja die Sudetendeutschen auf Anregung des damaligen Ministerpräsidenten Dr. Wilhelm Hoegner als »Vierter Stamm« neben den Bayern, Franken und Schwaben angesehen. Jaenicke am 26. März 1947:

»Es ist in der Tat ein seltsames Geschick, daß alles, was jetzt in Bayern hereinkommt, eigentlich aus Bayern stammt: Sudetenland, Mähren, Egerland . . . Viele Ungarndeutsche stammen von ausgewanderten katholischen Pfälzern ab. Schlesiens Schutzpatronin, die Heilige Hedwig, wurde 1174 in Andechs geboren. Zwei Jahrhunderte hindurch heirateten die schlesischen Herzöge, die Piasten, immer wieder bayerische Fürstentöchter. Als Mitgift hatten sie nicht Geld, sondern führten im Hochzeitszug Hunderte von Rittern, Bauern, Handwerker und andere landhungrige Menschen mit. Jetzt kamen sie bettelarm nach Bayern zurück.«

Bettelarm kamen die Flüchtlinge und Vertriebenen nach Bayern. In den Lagern, die 1946 nur noch der Durchschleusung hatten dienen sollen, lebten ein Jahr später noch 100 000 Menschen.

Familien waren auseinandergerissen. Von Verwandten fehlte oft jegliche Spur. Der Zentrale Suchdienst in Bayern hatte vor 39 Jahren täglich bis zu 3000 sogenannte »Findefälle« entgegenzunehmen. Die Familienzusammenführung lag Tausenden mehr am Herzen als Unterkunft und Verpflegung. Man hatte sich bereits 1946 zum Ziel gesetzt, die Lager nach und nach zu räumen: ein schwieriges Problem. Minister Seifried setzte Untersuchungsausschüsse über die Wohnraumverhältnisse ein. Er ließ auch die Aufhebung der bisherigen Freihaltung von Kurorten prüfen. Ein Landrat, und zwar Anton Maier in Dingolfing, berichtete von Beschwerden, nach denen sich zwielichtige Flüchtlinge als Antifaschisten ausgegeben, Wohnungen betreten und dort Zimmer und Möbel beschlagnahmt hätten. Maier: Der echte politische Märtyrer trete nie so anmaßend auf.

Zu den Klagen, daß die Flüchtlinge schlechtere Bekleidung als die Einheimischen bekämen, meinte Minister Seifried, vielfach seien die Klagen darauf zurückzuführen, daß zum Beispiel die Flüchtlinge aus der Tschechoslowakei noch an eine Ware gewöhnt seien, die man in dieser Güte schon seit vielen Jahren in Deutschland nicht mehr kenne.

Am 1. März 1947 trat das zoneneinheitliche Flüchtlingsgesetz in Kraft. Es sollte helfen, die Aufgaben der Eingliederung besser lösen zu können. Im gleichen Jahr wollte die bayerische KPD ein Volksbegehren durchsetzen. Bayerische Politiker warnten: Man übersähe nicht, daß rund eine Million Vertriebene wahlberechtigt seien. Wenn es für sie um Leben und Tod gehe, würden sie unter Umständen radikal wählen. Das KPD-Volksbegehren habe demagogischen Charakter. Die Kommunisten konnten ihr Ziel nicht erreichen. Politiker verweisen darauf, daß es den kommunistischen Machthabern im östlichen Teil Europas auch darum gegangen sei, mit der Vertreibung sozialen Zündstoff in der Mitte unseres Kontinents zu schaffen.

Prof. Dr. Martin Kornrumpf schreibt in seiner letzten Dokumentation, daß es sich bei der Integration von Millionen Heimatvertriebener um die größte bevölkerungspolitische Aufgabe in Deutschland gehandelt habe. Diese Aufgabe, die unter einer ungeheuren Tragik begonnen hatte, ist erfüllt worden. Auch in München. Die politischen und wirtschaftlichen Nachkriegsfundamente der bayerischen Metropole erhielten auch durch die erfolgreiche Integration der Flüchtlinge und Vertriebenen Stärke und Bestand.

16. Als jeder nur 40 Mark hatte

»Verdammt – jetzt bleibe ich auf meinem chirurgischen Besteck sitzen, das zwar verrostet ist, aber immerhin noch ein paar Tausender gebracht hätte.« So der verzweifelte Ausspruch eines Bekannten, der am 21. Juni 1948 alle seine »Schwarzmarkt-Felle« davonschwimmen sah. Und er hatte recht. Es war etwas Unglaubliches passiert – etwas, was nur ganz wenige, unter ihnen Prof. Ludwig Erhard, schon vorweg wußten. Währungsreform – so lautete am 18. Juni 1948 die Überschrift eines Erlasses der Militärregierungen der Vereinigten Staaten von Amerika, Großbritanniens und Frankreichs. In der westdeutschen Finanz- und Wirtschaftszenerie der unmittelbaren Nachkriegszeit war die Bühne radikal verändert worden. Man fühle sich in einem atemberaubenden Theaterstück. Jack Bennett, der Finanzberater von General Lucius D. Clay, betonte in einer Rundfunkrede, eine neue gesunde Währung sei erforderlich, damit Waren und Güter für den Verbraucher mit »normalem Einkommen wieder erreichbar werden und die Produktion auf einer normalen finanziellen Grundlage wieder anlaufen kann«.

Vom 11. bis 18. Juni 1948 wurden fast 500 Tonnen neuen Geldes auf bewachten Militärlastwagen und -zügen aus Frankfurt am Main in die 200 Zweigstellen der Landeszentralbanken in den drei westlichen Besatzungszonen geschafft. Von dort erfolgte die Weiterverteilung an Tausende von Lebensmittelkartenstellen, auch an die in München. 5,7 Milliarden neue D-Mark waren bereits vor Monaten im Ausland gedruckt und nach Deutschland transportiert worden.

Noch einmal der Zeitablauf: Am 18. Juni 1948 gaben die westlichen Militärregierungen die Neuordnung der deutschen Währung bekannt. Sie trat am 20. Juni in Kraft. Die neue Währung, alleingültig vom 21. Juni 1948 an, hieß die »Deutsche Mark«.

In einer »Zusammenfassung der ersten Maßnahmen« wurde verlautbart:

Das alte Geld, die Reichsmark, die Rentenmark und die Alliierte Militärmark, ist vom 21. Juni an ungültig. Die einzige Ausnahme sind Altgeldnoten und Münzen mit einem Nennwert von höchstens 1 Mark. Diese Noten und Münzen werden bis zum Ersatz durch neues Kleingeld im Umlauf bleiben, und zwar werden sie ein Zehntel ihres bisherigen Nennwertes wert sein. Niemand braucht jedoch mehr als höchstens fünfzig Einzelstücke dieses alten Kleingeldes in Zahlung nehmen. Briefmarken bleiben ebenfalls zu einem Zehntel ihres Nennwertes gültig.

Kopfbetrag

Als erste Maßnahme erhält jeder Einwohner der Westzonen eine bestimmte Summe der neuen Deutschen Mark. Dieser Kopfbetrag beläuft sich auf 60 Mark, die gegen den gleichen Betrag von Altgeld ausgezahlt werden. Hiervon werden 40 Mark diesen Sonntag ausgezahlt und die restlichen 20 Mark einen Monat später. Für eine Familie von 4 Personen können also zum Beispiel 240 Mark Altgeld eingezahlt werden, wofür die Familie sofort 160 Deutsche Mark und nach einem Monat weitere 80 Mark erhält.

Der Umtausch erfolgte am Sonntag, dem 20. Juni 1948. Der Familienvorstand war aufgefordert worden, den Umtausch für die gesamte Familie vorzunehmen. Das übrige Altgeld sowie Bank- und Sparguthaben wurden später in die »Deutsche Mark« umgetauscht. Bis Freitag, den 25. Juni 1948, mußten Personen und Firmen ihre Altgeldbeträge bei Banken und Sparkassen anmelden und abgeben. Alle Schulden waren für zwei Wochen gestundet. Betriebe konnten eine Übergangshilfe von 60 Deutsche Mark je Arbeitnehmer erhalten, jedoch nur bis zur Höhe ihres Altgeldbestandes. Löhne und Preise sollten durch den Erlaß der Alliierten nicht betroffen werden. Soweit das Finanz- und Währungstechnische im Juni 1948 – also vor 37 Jahren.

Einiges kam anders

Nach der Auszahlung der ersten 40 DM kam dann einiges anders als vorgesehen. In der Stadtsparkasse erinnert man sich: »Die Guthaben auf den Sparbüchern, auf Girokonten und die Festgelder wurden zu *fünf Prozent* ziemlich rasch auf DM aufgewertet, *ein Prozent* kam im Herbst 1948 dazu, *ein halbes Prozent* am 1. Januar 1954. Insgesamt wurden also 6,5 Prozent aufgewertet, 3,5 Prozent der vorgesehenen zehnprozentigen Aufwertung wurden gestrichen.« Zum Kopfgeld: Zunächst wurden am 20. Juni 1948 40 DM ausbezahlt. Alle, die eine Anmeldung über ihre Bank- oder Sparkassen-Konten abgegeben oder Bargeld gemäß Verordnung abgeliefert hatten, bekamen im November 1948 weitere 20 DM als Kopfgeld.

Wie in anderen Städten mußten auch in München die Banken Überstunden machen. Seit dem 21. Juni arbeiteten die Geldinstitute täglich mindestens zwölf Stunden. Staatliche und städtische Unternehmen borgten sich Hilfskräfte aus »ruhigeren« Behörden. Trotz intensivster Arbeit hatte auch die Sparkasse der Stadt München Sorge, bis zum Stichtag der Umwechslung nicht fertig zu werden. Die Münchner Sparkasse, die eine halbe Million Konten unterhielt, konnte trotz Verzehnfachung ihrer Zahlstellen in zwei Tagen nur 17 000 Fragebogen annehmen.

Nur vereinzelt hat es bei der Einzahlung von Altgeld Überraschungen gegeben. In München brachte ein Einzahler 270 000 Reichsmark an den Schalter. »Meine Verwandten haben noch mehr«, erzählte er dem Beamten. Und das glückstrahlend und ahnungslos. Sein Gesicht verzog sich erst, als der Bankbeamte fragte, ob er nicht Schwierigkeiten mit dem Finanzamt befürchte. Die Finanzämter waren nämlich ängstlich bemüht, ihren Ruf als prompt arbeitende Behörde zu wahren. Und so holte das Finanzamt München laufend die Fragebogenzweitschriften bei den Banken ab.

Die Woche mit dem neuen Geld erzeugte Panikstimmung auf dem Schwarzen Markt – auch in München. Zwischen dem 21. und 28. Juni 1948 verlor die Mehrzahl der Schwarzhändler nicht nur ihr Vermögen und die Lust am »Beruf«, viele büßten auch für die nächste Zeit ihre Freiheit ein. Doch nirgendwo gab man sich der Illusion hin, daß diese »Branche« unwiderruflich jede Chance verloren hatte.

Die Münchner Schwarzmarkt-Situation:

Sonntag, 20. Juni: Überall Verwirrung und Kopflosigkeit. Schweizer Franken und grüne Besatzungsdollars um jeden Preis kaufen, war das Motto. Auch München führt Razzien gegen Schwarzhändler durch.
Montag, 21. Juni: Grüner Bohnenkaffee sinkt auf 20 D-Mark, gebrannter auf 25 Mark pro Kilo. Amerikanische Zigaretten werden mit 45 D-Mark pro Stange angeboten. Sie bleiben liegen. 50 D-Mark zahlte man für einen Dollar. Eine Fahrraddecke gibt's schon für 8 D-Mark – einen Schlauch für drei Mark. Ein Paar feine amerikanische Damenstrümpfe kosten 40 D-Mark.
Dienstag, 22. Juni: »Fort vom eingehandelten Dollar« – so lautet die Tagesweisung. Neue Mark um jeden Preis. Der grüne Dollar sinkt auf 16, der Besatzungsdollar auf 12 Mark. Schwarzhändler werden in Lastwagen verstaut und den Schnellrichtern vorgeführt, die Überstunden machen.
Mittwoch, 23. Juni: Münchner Überfallkommando geht gegen Massen von Schwarzhändlern vor – nicht wegen des illegalen Geschäfts, sondern wegen Verkehrsbehinderung. Wein: ehedem 50 bis 100, heute 2,50 D-Mark. Ein Liter Schnaps kostet 5 D-Mark auf dem hinsiechenden Markt der schwarzen Geschäfte.
Donnerstag, 24. Juni: Polizei streift in allen Gegenden. Radioapparate auf dem Schwarzen Markt sind billiger als im Laden. Niemand will sie. Ein Paket amerikanischer Zigaretten wird für 6 D-Mark angeboten.
Freitag, 25. Juni: Alles wird billiger. Noch billiger. Amerikanische Zigaretten unter der Hand: 2,50 Mark. Im Laden: 3 Mark.
Samstag, 26. Juni: Alles wartet ab, bis die Käufer mehr Geld haben.

Es gab viele Ehemänner, die nach Erhalt der Kopfgeldsumme für die Familie, vor Freude, daß das neue Geld so viel mehr wert sein sollte, flugs in eine Gaststätte einkehrten, in der die Wirtin mit besonders freundlicher Miene meinte: »Wollens's net a Stückl Wurscht kosten?« Man blieb, und bald hatte sich das Kopfgeld verflüssigt. Zum Schrecken der den Ehemann schon längst erwartenden Hausfrau. Ja, man nahm einen oder mehrere Schluck. Bier war in diesen Tagen jedoch nicht gefragt. Die Münchner Brauereien sahen sich einem unorganisierten, aber glänzend funktionierenden Käuferstreik gegenüber. Niemand sei, so sagten sie, bereit, für 1,7prozentiges Dünnbier 75 Pfennig pro Liter zu zahlen. Und so forderten die Brauereien eine Herabsetzung der Biersteuer.
Die Automobilindustrie wurde dagegen mit telefonischen, telegraphischen und schriftlichen Aufträgen geradezu bestürmt. Das Baugewerbe und die Baustoffindustrie waren skeptisch. Sie verwiesen darauf, daß private Auftraggeber vielfach ihre Baupläne zurückgezogen hätten. Porzellan und Textilien waren gefragt. Mit an der Spitze der Barverkäufe stand die Industrie landwirtschaftlicher Maschinen und Geräte. Die Unternehmen meinten, die Bauern hätten dank ihres Kinderreichtums viel Kopfgeld erhalten. Aus dem Verkauf von Schlachtvieh und ihrer Ernte könnten sie mit Sicherheit rasch auf neues Bargeld rechnen.
Sommer ohne Sommerfrischler – so jammerte der Fremdenverkehr. Die Geldumstellung und ihre Folgen schufen für das Beherbergungsgewerbe eine völlig neue Situation. In fast allen Orten, die vorwiegend auf die Fremdenindustrie angewiesen waren, herrschte ein katastrophaler Geldmangel. Aus Berchtesgaden wurde den Münchnern eine Übernachtung für etwas über zwei Mark angeboten.
Im Zuge der Währungsreform gab es in München keine Massenentlassungen. Am 6. Juli 1948 meldete das Arbeitsamt in der Landeshauptstadt, daß sich die Zahl der Arbeitsuchenden seit der Geldumstellung von 12000 um rund 3000 auf insgesamt 15000 männliche und weibliche Arbeitslose erhöht habe. Die offenen Stellen sanken von 45000 auf 40000. Neu war, daß alle

freien Arbeitsplätze gemeldet werden mußten. Von Entlassungen waren in erster Linie betroffen: Angestellte des Gaststättengewerbes, kaufmännische Angestellte, Friseure und Bauarbeiter. Der Neuzugang von weiblichen Arbeitslosen setzte sich vor allem aus Putzerinnen, Zugeherinnen, Verkäuferinnen und Sekretärinnen zusammen.

Vom Arbeitsministerium war eine Regelung über die Heranziehung von Arbeitslosen zu Notstandsarbeiten zu erwarten. Zwei Zahlen vom 6. Juli 1948 hält man heute vielleicht für erfunden, aber sie sind es nicht. Es wurde berichtet – und zwar amtlicherseits –, daß in München »zur Zeit 26 männliche und fünf weibliche Personen Arbeitslosenunterstützung erhalten«.

Böse Zeiten für Studenten

Böse Zeiten sahen die Studenten auf sich zukommen. Der Student von morgen ist Werkstudent – so hieß es Ende Juni 1948: »Der Student von morgen wird sich sein Studium selbst verdienen müssen«, mit diesem Satz umriß ein Studentenvertreter der Münchner Universität die neue Situation. Ein Teil der Studenten war nach Erhalt des Kopfgeldes abgereist. Man konnte damals nicht übersehen, wie viele Studenten ihr Studium aus finanziellen Gründen würden abbrechen müssen. In München hatten bei einer Umfrage rund 30 Prozent aller Studenten die Fortsetzung ihres Studiums für unmöglich gehalten.

»Der Geistesschaffende steht am Ende der Schlange.« Das war die bittere Erkenntnis, die aus allen Kommentaren widerhallte. Kultur sei plötzlich nicht mehr gefragt. Die Theater sahen ihre Eintrittskarten, vor kurzem noch eine gute Tauschware, verschimmeln. Die Kammerspiele in München spielten jedoch vor ausverkauftem Haus. Sie hatten nämlich bis Ende Juni in alter Währung vorverkauft. Ja, noch mehr. Die Kammerspiele hatten Abonnements für die nächste Spielzeit in alter Mark ausgegeben. Eine Anzahl Bühnen, so die Bayerischen Staatstheater, verlegten ihre Ferien vor. Die Konzertsäle waren leer, die meisten geplan-

ten Abende abgesagt. Gastspiele konnten mangels Reisegeld und Honorar nicht stattfinden. Die Situation der Wanderbühnen, der Kabaretts und der Zirkusunternehmen war noch verzweifelter als die der festen Bühnen.
Viele Menschen, besonders junge, hatten verlernt, mit dem Pfennig zu rechnen. Sie standen den Verhältnissen oft hilflos gegenüber. In einem Münchner Warenhaus spielte sich folgende Szene ab: Eine Frau konnte beim Anblick der über Nacht neu ausgestellten Kleider der Versuchung nicht widerstehen. Sie gab 31 Mark für einen »Traum« her. Plötzlich kam ihr Mann hinzu. In seiner Wut verprügelte er seine Frau unter teils zustimmendem, teils ablehnendem Gemurmel.
Die Bestattungsinstitute kamen überein, die Kosten für Beerdigungen vorläufig bis zum 15. Juli 1948 zu stunden. Auf dem Heiratsmarkt traf man auf folgende Annonce: »Herzenswunsch. Seriöser Herr mit 40 Mark Barvermögen sucht Dame mit doppelter Kopfquote. Zwecks Heirat.«

17. Radio Munich und die ersten Jahre des Bayerischen Rundfunks

Stündlich fuhren Jeeps zwischen dem während des Krieges arg in Mitleidenschaft gezogenen Riemerschmid-Bau, in dem sich 1945 »Radio Munich«, der Sender der amerikanischen Militärregierung niedergelassen hatte, und dem Schlachthof hin und her. Auch die Großmarkthalle war in diese Route einbezogen. In den Jeeps saßen US-Soldaten, die sich als »Korrespondenten in Uniform« hervortaten. Sie hatten die Aufgabe, Zahlen in die Redaktion von Radio Munich zu bringen – Zahlen, die im Mittelpunkt der Nachrichtensendungen standen. Die in Not lebende Bevölkerung Münchens wollte wissen, ob es morgen noch etwas zu essen geben wird. So waren die Zahlen darüber, wie viele Rindviecher im Schlachthof stehen oder wie viele Zentner Kartoffeln in die Großmarkthalle transportiert worden sind, von großer Wichtigkeit. Auch der damalige 3. Münchner Bürgermeister, Thomas Wimmer, in einem winzigen Zimmer mit OT-Ofen gegenüber dem »Gemach« des Oberbürgermeisters sitzend, antwortete damals auf politische Fragen sofort mit Zahlen: »Heit hab'n wir 523 Ster Holz und 12 Rinder.«

Die Zahlen waren handschriftlich auf Zetteln in Englisch festgehalten. Ergänzt wurden diese Aufstellungen durch Berichte des damaligen Staatsrats Rattenhuber – des bayerischen Nachkriegsexperten in landwirtschaftlichen Fragen. Die US-Soldaten hatten noch eine zusätzliche Aufgabe. Sie sollten – ebenfalls handschriftlich – notieren, was sie an Besonderheiten während ihrer Fahrten durch die Trümmerstadt München entdeckten. Und so hatten dann die deutschen Redakteure von Radio Munich – unter ihnen Albert Baier – Material in Englisch auf dem Tisch, was ins Deutsche übersetzt werden mußte. In den Äther konnten die Nachrichten jedoch beileibe nicht sofort geschickt werden. Nein – stündlich mußte ein Jeep zur amerikanischen Militärregierung für Bayern in die Tegernseer Landstraße fahren, um die von Deutschen abgefaßten Nachrichten durch ein »O.K.« der

»Information Control Division« absegnen zu lassen. Dann brauste der Jeep wieder zum Rundfunkplatz. Endlich konnten die Hörer erfahren, wie viele Rindviecher im Schlachthof standen, um in kleinsten Rationen auf Lebensmittelkarten zu gelangen.

»Sendung schon in the Air«

Eines Tages bekam Radio Munich aus der Tegernseer Landstraße die »Order«, eine bereits aufgesetzte Nachricht nicht auszustrahlen. Norbert Grünfeld, US-Radio-Control-Officer und als solcher Sendeleiter sowie verantwortlich für die Nachrichten, war entsetzt. Seine telefonische Mitteilung an die hohe US-Behörde in der Tegernseer Landstraße lautete: »Die Sendung ist schon in the Air.« Ein klares Deutsch-Englisch, das Porki – wie Grünfeld wegen seines rundlich-gemütlichen Aussehens genannt wurde – meisterhaft beherrschte. Schließlich war er in Berlin geboren, wo seine Familie in der Friedrichstraße ein bekanntes Herrenausstattungsgeschäft besaß. Unter dem Terror der Nazis mußte die jüdische Familie nach den USA auswandern. Dort fand Grünfeld zu wenig Zeit, um sich ein perfektes Englisch anzueignen. Und so war er als Radio-Control-Officer im Riemerschmid-Haus froh, wenn ihm ein Besucher angekündigt wurde, der nur deutsch sprechen konnte.

Mr. Grünfeld war es auch, der den deutschen Ansagern nahelegte, nicht »Sie hören jetzt ...« zu sagen, sondern »Wir bringen jetzt ...« Porki wußte um die Feinheiten deutscher Wortkombinationen. Er meinte, der Satz »Sie hören jetzt ...« sei eine gewisse Vergewaltigung. Man solle anbieten und dem Menschen in Freiheit überlassen, was er hören wolle. Deutsche Mitarbeiter waren der Auffassung, daß Porki geradezu Anregungen für philosophische Doktorarbeiten gebe.

Nach Mr. Horine war Mr. Edmund Schechter Chef von Radio Munich. In Wien geboren, brachte Schechter uns noch etwas anderes bei. Er gab den Nachrichten-Redakteuren zu verstehen, daß Reden und Erklärungen keine Nachrichten seien. Anders

gesagt: Reden und Erklärungen seien Äußerungen, die nicht als Nachrichten gewertet werden dürften. Nur von 12 »Top-Leuten« auf unserem Erdball könne man Reden und Erklärungen als Nachrichten redaktionell behandeln. An der Spitze dieser »Top-Leute« stand der amerikanische Präsident.
Nur Mr. Horine war echter Amerikaner. Alle anderen Radio-Control-Officers waren in Europa geboren. So stammte Mr. Lind aus Norwegen. Er wäre am liebsten ein großer Opernsänger geworden. Das Schicksal verschlug ihn aber ins Riemerschmid-Haus, in das bauliche Ur-Element des Bayerischen Rundfunks mit seinem unter Denkmalschutz stehenden Treppenaufgang. Mr. Lind traute seinen Stimmbändern viel zu. Er wollte sie nicht »kalt« lassen. Und so fand er eines Tages im 4. Stock eine Besenkammer, in der er Arien schmetterte. Den Drang nach dem Gesang bei deutschen Mitarbeitern konnte Mr. Horine jedoch nicht immer billigen. Beispiel: Ruth Kappelsberger, die bekannte Schauspielerin und Moderatorin, stimmte in einer Faschingssendung plötzlich ein Lied an. Im Zusammenhang mit dem Honorarzettel reagierte Mr. Horine wie folgt: »Frau Kappelsberger, Sie sind bei uns zum Sprechen und nicht zum Singen da.«
Radio Munich war in einer Zeit tätig, da bei uns aus Stahlhelmen der alten Wehrmacht Kochtöpfe und aus Soldaten-Koppeln primitive Armbänder gemacht wurden. 1946: Über das wirtschaftliche Geschehen hatte für die Nachrichten Katja Flick, diese in ihrer Art einmalige Journalistin, die jetzt – 88jährig – am Hohenzollernplatz lebt, zu berichten. Katja ist bei Radio Munich und im Bayerischen Rundfunk eine Institution gewesen, aus der Humor und Schlagfertigkeit nur so sprudelten. Sie war eigentlich Film-Expertin. Alles und alle kannte sie: die Ufa in ihren Anfängen, Richard Eichberg, Hans Albers und Douglas Sirk, Jenny Jugo und Henny Porten, Willy Fritsch und Gustav Fröhlich. Sie war das wandelnde Filmlexikon. Nach dem Krieg hatte sie plötzlich die Wirtschaft am Hals.

Flick-Strip vor dem Wirtschaftsminister

1946: In der Prinzregentenstraße residiert im früheren Haus des Luftwaffenkommandos der bayerische Staatsminister für Wirtschaft, Dr. Ludwig Erhard. Pressekonferenz, an der auch Katja Flick teilnimmt: Es geht wieder um Kochtöpfe aus Stahlhelmen, um Kartoffelsack-Röcke. Die Pressekonferenz ist zu Ende. Da springt Katja auf den Tisch. Sie, die nie in Verlegenheit zu bringen war und die auch nie originelle Szenen gescheut hat, zieht ihren Rock hoch, richtet den rechten Zeigefinger auf ihren handgestrickten Wollschlüpfer und fragt mit erhobener Stimme den Minister: »Wie lange soll ich noch mit diesem herumlaufen. Wann gibt es endlich Kleiderpunkte?« Der spätere Bundeswirtschaftsminister Dr. Ludwig Erhard hat diesen Auftritt von Katja Flick nie vergessen. Als »Pensionist« sagte er mir einmal in seinem Haus über dem Tegernsee: »Wissen Sie, das waren noch Zeiten, als Frau Flick vor mir den ersten Nachkriegs-Striptease vollführte.« Die Korrespondentin Katja Flick war es, die immer Strohhüte getragen hat, die sie auch an der Schreibmaschine nicht abnahm, die später auch als Nikolaus durch das Funkhaus gezogen ist.

Am 1. Januar 1949 war aus Radio Munich der Bayerische Rundfunk geworden. Ein neues Leben kehrte in den Riemerschmid-Bau ein. Mehr Korrespondenten, mehr Redakteure, mehr Techniker. Die Deutschen hatten jetzt das Sagen. Die erfahrenen deutschen Mitarbeiter von Radio Munich bildeten den Kern der neuen Mannschaft. Auch Josef Reithmeier, der Chef der Korrespondentenabteilung, er war ein Mann, für den bei der Berichterstattung Gewissenhaftigkeit an erster Stelle zu stehen hatte. Er war der Typ eines »Beamten«, für den alles gut geregelt sein mußte. Und das war nicht so einfach mit der inzwischen angewachsenen Schar von Münchner Korrespondenten. Diese hatten nämlich keine festen Verträge, keine soziale Sicherung und keine vertragliche Zusicherung auf Urlaub. Man nannte sie »feste freie Mitarbeiter«.

Daß natürlich ohne Vertragsbasis im Sinne von Tarifabkommen

das Wort »freie« im Arbeitsleben dieser Kollegen eine wichtige Rolle gespielt hat, war verständlich. Auch bei Heinrich Kaltenegger, dem größten Original, das der Rundfunk bisher gekannt hat. Ich lernte Kaltenegger bei der »US-Militärregierung für Bayern« kennen, wo wir beide für die »Information Control Division« gearbeitet haben. Kaltenegger war studierter Mediziner – im Krieg Unterarzt. Nach dem schrecklichen Geschehen wollte er um keinen Preis wieder in den weißen Kittel schlüpfen. Für ihn war der Wiederaufbau, vor allem der politische, sein Lebensinhalt geworden. Durch ein großes Glück war er als aktiver Anti-Nazi nicht unter die Räder der Diktatur gekommen. Im Winter 1948 stieß Kaltenegger zu Radio Munich. Dieses Original, das sich schwerlich etwas sagen ließ, mußte mit Josef Reithmeier manches Gefecht, sei es auf »Florett« oder »Säbel« ausfechten. Sommer 1952: Ein 16jähriges Mädchen stürzt sich am Vormittag von einem der Türme der Frauenkirche. Es ist tot. Kaltenegger kommt am Nachmittag ins Funkhaus. Große Aufregung beim Korrespondenten-Chef Reithmeier. »Warum haben Sie nicht die Meldung über den Todessprung gebracht? Die Nachrichten mußten dpa nehmen. Sie hätten das bringen müssen!« Kaltenegger verschmitzt-ruhig: »Wieso ich? Das ist eine Polizeisache.« Reithmeier: »Nein, Sie hätten das wissen müssen. Schließlich haben Sie die katholische Kirche als einen Ihrer Arbeitsbereiche.« So weit, so gut. Kaltenegger ward zwei Tage nicht mehr gesehen. Dann steht er aber plötzlich wieder vor dem zornig erbleichten Chef der Korrespondentenabteilung. »Wo waren Sie die letzten Tage? Ich habe Herrn von Cube den Vorfall gemeldet.« Kaltenegger, der beim Chefredakteur von Cube ein bayerisch-rustikales Ansehen genoß, meinte gelassen: »Sie haben doch gesagt, ich hätte die katholische Kirche und hätte deshalb von dem Turmsprung etwas wissen müssen. Ich sitze jetzt vor jeder Kirche 20 Minuten und schau 'nauf, ob einer springt. Da die katholische Kirche in München 103 Kirchen hat, brauche ich noch zwei Monate. Etwas schlafen muß ich ja auch dazwischen.« Man lachte im Funkhaus noch lange . . .

In Stadelheim

Aber noch eine andere Kaltenegger-Geschichte. Unser lieber Kollege ist wieder einmal nicht im Funkhaus. Es vergehen Stunden. Da kommt Albert Baier zu Reithmeier, dessen Frage sofort lautet: »Wissen Sie, wo Kaltenegger steckt?« Baier wußte Bescheid. »Ja, das weiß ich, er sitzt im Stadelheim.« – Damit meinte er den Raum gleich rechts vom Eingang des Hofbräuhauses, auf dessen Vorderwand das Schild »Stadelheim«, also der Name des großen Münchner Gefängnisses, hing. Reithmeier verstand aber nicht »im«, sondern »in« Stadelheim. »Das habe ich schon immer erwartet!« Telefon nach Stadelheim. Dort Suche in den Büchern. Nein, ein Kaltenegger ist nicht eingeliefert, war die Auskunft. Auf eine weitere Frage bestätigt Baier erneut, daß Kaltenegger im Stadelheim sitzt. Erneut Hörfehler. Reithmeier ruft das Justizministerium an und bittet den Pressereferenten Pflüger, die Sache zu klären. Dieser erkundigt sich bei hohen Beamten. Nein, ein Kaltenegger sitzt nicht in Stadelheim ein. Am Spätnachmittag kommt der Heini ins Funkhaus. Nach Minuten findet Reithmeier seine Sprache wieder. »Woher kommen Sie?« – »Ich – aus Stadelheim.« Der Chef der Korrespondentenabteilung, der sich gern auf amtliche Unterlagen und Aussagen verließ, brachte nichts mehr heraus. Er schlug seine Türe zu und verstand die Welt seiner Berichterstatter nicht mehr.

Aller Anfang ist schwer. Dieses Sprichwort galt auch für die Zeit, da man nach Kriegsende daran ging, für Bayern einen neuen Rundfunk zu schaffen. Aber rückblickend kann man ebenso sagen: aller Anfang ist schön. Während die Handwerker im beschädigten, aber doch einigermaßen gebrauchsfähigen Funkhaus am Marsplatz (heute Rundfunkplatz) lärmten und Fachleute an der Wiederherstellung und notwendigen Modernisierung des technischen Apparates arbeiteten, lief ein unfertiges Programm über »Radio Munich«. Unter Zensur der Amerikaner stehend, brachte es Nachrichten, Kommentare und praktische Hinweise zur Bewältigung der einfachsten Lebensbedürfnisse der Nachkriegsnot. Da wurden Ratschläge gegeben, wie man Windeln ohne Waschmittel wieder rein bekomme oder wie man sich aus dem Wald ernähren könne.

Umerziehung durch Jazz

Musik spielte bei dem Programm eine besondere Rolle. So glaubten die amerikanischen Leiter der Musikabteilung von Radio Munich, Jean-Pierre Barricelli und Dick Kepler, die bayerische Jugend durch Jazz umerziehen zu können. Klassische Musik sollte das Seelenleben der geschundenen Menschen bereichern, Gottesdienste der Konfessionen versuchten die verzweifelte Bevölkerung zu trösten. Von Tag zu Tag liefen Suchmeldungen des Roten Kreuzes über den Sender. Zehntausende von Familien waren zersprengt, Kinder auf der Flucht verlorengegangen. Kriegsgefangene in Lagern verschwunden. Tausende warteten ungeduldig auf das Ende eines Musikstückes, um wieder Suchmeldungen zu Gehör zu bekommen.

Das unfertige Programm von Radio Munich. Unfertig ja. Aber an dieser Unfertigkeit mitzuwirken machte Spaß. Man machte das »Programm« von Angesicht zu Angesicht, denn wo heute im Funkhaus ein Redakteur oder eine Sekretärin sitzt, da saßen nach Kriegsende drei oder vier Personen in einem Zimmer. Die Korrespondenten hatten überhaupt keine eigenen Schreibtische. Auf zwei winzigen Tischchen mit zwei alten Schreibmaschinen wurden die Nachrichten und Berichte verfaßt. Und doch: Das Programm-Machen von Zimmer zu Zimmer, das Diskutieren auf dem Gang machten Spaß. Und heute? Abteilungsleiter des Hörfunks haben am Donnerstag vier Konferenzen zu bewältigen. Da denkt man unwillkürlich an die Erfahrung kluger Römer: multa non multum. Vieles braucht nicht viel zu sein.

Milchmarken

Im Funkhaus der Jahre 1945–48 war vieles provisorisch. Das galt auch für die Ernährung. Die Angestellten von Radio Munich bekamen ein für die damaligen Verhältnisse gutes Mittagessen im Casino der US-Militärregierung in der Sophienstraße, wo ein Corporal oder Sergeant streng über die Trennung der Geschlechter wachte. Man darf nicht vergessen, daß damals die »Non-Fraternisation« noch Gültigkeit hatte. Hinter vorgehaltener Hand wurde unter den Amerikanern gemunkelt, daß Radio Munich auffallend hübsche deutsche Sekretärinnen habe. Auch als Deutscher konnte man das bestätigen.

Die Zeit der Lebensmittelmarken brachte es mit sich, daß zwei deutsche Angestellte 1945 Milchmarken erhielten. Sie waren nämlich 16 Jahre alt und bekamen demzufolge die Rationen für Jugendliche. Beide, Theodor Holzinger (Ernste Musik/Opern) und Hans Gittel (Leiter der Hörfunkdisposition über Schneide- und Sprechräume sowie Studios) sind heute noch im Funkhaus tätig. Holzinger – im Juli konnte er auf eine 40jährige Funkarbeit zurückblicken – ist jetzt der dienstälteste Angestellte beim Bayerischen Rundfunk. Wenn man den früheren Milchmarken-Empfängern heute im Hochhaus- bzw. im Studiobau begegnet, versteht man, wenn Außenstehende behaupten, daß die Funkarbeit anscheinend den Menschen jung erhält. Das gleiche gilt auch für den Programmgestalter »Leichte Unterhaltungsmusik«, Hans Wochenauer, der auch schon 1945 im Riemerschmid-Haus Sitz und Plattenauswahl hatte. Wochenauer ist es übrigens gewesen, der sich außer der Sendung »Musik zum Aufwachen« später auch dem Toto verschrieben hatte.

Da ist über Wochenauer 1949 zu lesen: »Er hat ein untrügliches System im Toto entwickelt und spielt mit erstaunlichen Gewinnen, was zur Folge hat, daß er wöchentlich 220 Totozettel für Freunde und Kollegen auszufüllen hat. Wenn er den ersten Rang gewonnen hat, will er heiraten. Sein Schreibtisch wimmelt bereits schon von Preislisten und Möbelprospekten.« Und er hat geheiratet. Auch ohne ersten Rang.

Aber zurück in das Funkhaus der Vorwährungszeit. Zigaretten waren selten und nur mühsam zu erhalten. Der bis September 1947 bei Radio Munich tätige Chefredakteur, Dr. Felix Buttersack, erzählte später, daß man über die Kippen aus den Aschenbechern der amerikanischen Offiziere glücklich gewesen sei. Aber selbst hierfür habe man Beziehungen gebraucht. Dr. Buttersack verließ Radio Munich, um nach dem Tode von Peter Stern Mitlizenzträger des »Münchner Mittag« zu werden. Der Vater der bayerischen Nachkriegszeitungen, Mr. Ernest Langendorf, willigte Ende 47 ein, daß aus dem »Münchner Mittag« ein »Münchner Merkur« wurde. Dr. Buttersack war für die Namensänderung energisch eingetreten.
Den deutschen Angestellten bei Radio Munich stand nur ein einziges altes Auto, man könnte auch sagen, ein alter Karren zur Verfügung. Er diente zu Fahrten, vor allem übers Land. Bei dem Wort »Land« erinnert man sich daran, daß dieser Wagen ab und zu für Stunden auf der Strecke geblieben ist, weil ein Defekt in der damaligen Zeit nicht so schnell zu reparieren war. Als ein amüsantes »Rate-Spiel« erweist sich für alle, die gleich nach dem Kriege irgendwo in der Stadt gearbeitet haben, die Beantwortung der Frage: »Wie bist du eigentlich zu deiner Dienststelle gekommen?« Wie ich von Laim zum Funkhaus gelangt bin, kann ich beim besten Willen nicht sofort sagen.

Ein »Aristokrat« wird erster Intendant

Im kulturpolitischen Ausschuß des Bayerischen Landtags machte man sich 1948 an die Formulierung der Gesetzesartikel. Vorausgegangen waren Gespräche mit den Radio-Control-Officers der US-Militärregierung von Bayern und Vertretern interessierter Gruppen im deutschen Bereich. Auch der Geschäftsführer des Bayerischen Journalistenverbandes, Dr. Justus Frhr. von Stakkelberg, wurde gehört. Die Ziele, die man bei den Debatten, bei den Abstimmungen im Maximilianeum verfolgte, hatten vor allem kulturpolitische Akzente. Es ging darum, für den zerschla-

genen Reichsrundfunk eines Joseph Goebbels auch in München etwas Neues zu schaffen.
Am 10. August 1948 war es dann soweit. Der Landtag verabschiedete das Gesetz über den neuen Bayerischen Rundfunk, über die neue öffentlich-rechtliche Anstalt. Es reizt einen, sich die Frage zu stellen, wie das Rundfunksystem in Bayern wohl aussehen würde, wenn 1948, anstelle der in Europa geborenen und später emigrierten Control-Officers der amerikanischen Militärregierung, Radio-Manager reinster kalifornischer oder texanischer Abstammung das »Absegnen« gehabt hätten. Man darf nicht vergessen, daß es bayerische Stimmen gegeben hat, die 1948 Lokalsender auf mehr oder weniger privatwirtschaftlicher Basis gewünscht hätten. Das waren natürlich Außenseiter. Deshalb ist es auch müßig, die Frage »Was wäre wohl geschehen, wenn . . .?« beantworten zu wollen.

Festakt im Studio 1

Radio Munich ging am 25. Januar 1949 in deutsche Hände über. Ein Festakt im Studio 1 am Rundfunkplatz bestätigte das Geschehen. Der Bayerische Rundfunk mit seinem für das Programm allein verantwortlichen Intendanten, dem Rundfunk- und Verwaltungsrat, war geboren. Bayern erhielt – nach dem Nordwestdeutschen Rundfunk in der britischen Zone – als erstes Land der US-Zone den Rundfunk in seine eigene Zivilverwaltung zurück.
Der erste Intendant des Bayerischen Rundfunks war Rudolf von Scholtz – ein großer, schlanker Herr mit einem interessanten, weißhaarigen Kopf, der langsam, wie ein »Aristokrat« durch die Gänge des Riemerschmidschen Hauses ging. Dr. Alois Fink hat recht, wenn er rückblickend den ersten BR-Indendanten mit einem Eisberg vergleicht, von dem nur ein kleiner Teil sichtbar war. Schreien hat man ihn nie gehört. Schmeicheleien und gute »Beziehungen« wirkten nicht bei ihm. Rudolf von Scholtz war vor 1933 viele Jahre Journalist gewesen. So wurde er, nach Spra-

chen- und Philosophiestudium in Leipzig, Jena und München, 1926 als Leiter der aktuellen Abteilung in den Sender am Marsplatz berufen. Er kannte sich – um nur eine Sparte zu erwähnen – bestens in Interviews aus, denn oft hatte er das Mikrofon hingehalten, um Antworten von Persönlichkeiten aus Politik, Wirtschaft und Kultur aufzunehmen. Aus Gewissensgründen sagte er 1933 dem Rundfunk Lebewohl. Rudolf von Scholtz konvertierte während der Hitlerzeit. Aus dem Protestanten war ein praktizierender Katholik geworden.

Nach dem Zweiten Weltkrieg wurde Rudolf von Scholtz 1945 von den Amerikanern als Oberbürgermeister in Passau eingesetzt. Es war eigenartig, warum man in der Drei-Flüsse-Stadt Niederbayerns von einem »roten« OB gesprochen hat. Er war doch alles andere als »rot«. Bei meiner ersten Begegnung mit dem damaligen Sendeleiter bei Radio Munich, Rudolf von Scholtz – dieser Treff zwischen Amerikanern und Deutschen fand 1947 auf den Pullacher Bierterrassen statt – wollte ich wissen, warum die Aussprache meines Gegenübers so deutsch-baltisch klang. Scholtz erklärte mir, daß er zwar 1891 in Wiesbaden geboren worden sei, jedoch im zaristischen St. Petersburg seine Kindheit und Jugendjahre verbracht habe. Da man in Passau bei der Abfassung des Lebenslaufs nicht St. Petersburg, sondern Leningrad geschrieben hatte, war alles klar: in Leningrad gelebt – also ein »Roter«. So einfach war damals die »Farb-Einstufung«.

Der erste Programmdirektor

Der geistige Weltbürger Rudolf von Scholtz, der in die Geschichte des Bayerischen Rundfunks als Vater des BR-Symphonie-Orchesters eingegangen ist, wollte seinem Sender gleich ein hohes, kulturelles Niveau verschaffen. Dazu brauchte er seiner Meinung nach einen Programmdirektor. Und er fand ihn in Rudolf Schneider-Schelde, einem Verfasser von Novellen, Kurzgeschichten, Romanen und Theaterstücken. 1866 in Antwerpen geboren, wurde München seine Wahlheimat.

Dort, wo der Mann mit den buschigen Augenbrauen und der Literaturmähne auftauchte, sprühten die Funken. Dieser unbequeme Vorgesetzte, dieser widerspenstige Untergebene war also Programmdirektor des Bayerischen Rundfunks geworden. Die Freundschaft, die zwischen Rudolf von Scholtz und Rudolf Schneider-Schelde bestanden hatte, schmolz während der gemeinsamen Funkzeit dahin. Bei Streitgesprächen zwischen den beiden Rudolfs wollte der Literat immer ungeschlagener Sieger bleiben.

Der Doppelname führte vor dem Funkhaus sofort zu einem peinlichen Mißverständnis. Schneider-Schelde bestieg zum ersten Mal einen Dienstwagen des BR. Der Fahrer dachte nicht daran, den Motor anzulassen. »Fahren Sie doch endlich«, verlangte der Programmdirektor mit erhobener Stimme. Der Fahrer: »Entschuldigen Sie bitte. Sie, Herr Schneider, sind ja im Wagen. Aber ich muß ja noch auf Herrn Schelde warten.« Wenn der Herr Programmdirektor einen angekündigten Besucher nicht mochte, dann zeigte er ihm das auch. Wie? Ganz einfach, sozusagen im Stil der damaligen Zeit. Er streckte seine Füße auf den Schreibtisch – wie es US-Soldaten taten – und grüßte im Sitzen bewußt herablassend. Andererseits war Schneider-Schelde ein Mann, der Sitten und Ordnung liebte.

»Apfelsaft«

Dem Programmdirektor war zu Ohren gekommen, daß in der kleinen Bier- und Imbißkantine gleich unter dem Eingang schon am Vormittag ab und zu geschnapselt wurde. Bei einem Klaren besprachen Künstler – unter anderem Bum Krüger – ihre Rollen. Eines Vormittags erscheint Schneider-Schelde, blickt zornig auf die Tische und fegt mit dem rechten Arm die Gläschen mit dem Klaren zu Boden. Ukas an den Kantinenchef Bucher: am Vormittag keine starken Getränke mehr. (Anmerkung: In der jetzigen, großen BR-Kantine werden auch ohne Schneider-Schelde schon seit längerem keine Schnäpse mehr serviert). Nun, Bucher

wußte einen Ausweg. Er nahm leere Apfelsaftflaschen und füllte sie mit Weinbrand – und zwar mit dem Wissen eines Gastronomen, daß Apfelsaft ja auch etwas bräunlich aussieht. Der Programmdirektor war bei einer erneuten Inspektion recht erfreut: Ausschank aus Apfelsaft-Flaschen – gut so.
Noch ein Blick in die damalige Faschingszeit: Nach 1949 hatten die Runkfunkangestellten ihren eigenen, närrischen Ball im Studio 1, also wo heute das Verbindungsgebäude zwischen dem alten Riemerschmid-Haus und dem Studiobau steht. Öffentliche Faschingsveranstaltungen des Funks gab es damals nicht. Studio 1: Auch der Intendant und seine Frau waren gekommen. Ab 22 Uhr leerte sich das Studio zusehends. Man feierte heiß und heiter in den Dienstzimmern weiter. Das war Schneider-Schelde zuviel. Seine Anordnung: Nur mit Sondergenehmigung darf bei diesem hausinternen Faschingsfest ein Dienstzimmer betreten werden. Um diesen Ukas zu untermauern, besser gesagt, zu unterseilen, mußte ein dicker Strick zwischen der zweiten und dritten Stufe der einzigen Treppe gehängt werden. Der Programmdirektor hatte nur eines nicht bedacht: Ein solches Seil konnte man ja auch unterlaufen oder überspringen. Und so war beim nächsten Funk-Faschingsball das Studio 1 gegen 22 Uhr wieder leer. Meinungsverschiedenheiten, gegenseitige Vorwürfe, die konträre Auslegung des Vertrags mit dem Programmdirektor führten schließlich zur Entlassung von Schneider-Schelde. Diese erfolgte am 23. September 1951. In der offiziellen Verlautbarung des BR wurde die fristlose Entlassung wie folgt begründet: ». . . unüberbrückbare Gegensätze in grundsätzlichen Fragen der Disziplin und Organisation zwischen dem Intendanten und dem Programmdirektor.« Arbeitsprozeß, Schiedsgericht. Rudolf Schneider-Schelde erhielt eine Abfindung und eine Art Rente. »Ein Mann im schönsten Alter« – so heißt ein Roman, den Schneider-Schelde als »Rentner« geschrieben hat. In diesem »Schlüsselroman« geht es um einen Kämpen, der mit sich und vor allem über sich ins klare kommen will. Der erste Programmdirektor des Bayerischen Rundfunks starb im Mai 1956 in der Einsamkeit des Schlafes.

Zwei Monate zuvor, am 10. März 1956, war der erste Intendant des BR, Rudolf von Scholtz, einer der bedeutendsten Rundfunkmänner des Nachkriegs-Deutschland, im Alter von 66 Jahren verstorben. Ein Jahr später hätte er sein Amt abgeben wollen – nach freiem Willen. Rudolf von Scholtz hat mit Geschick und Kraft alle Bestrebungen abgewehrt, die Freiheit des Rundfunks anzutasten, sie irgendeiner Gruppe, einer Partei oder der Regierung in die Hand zu spielen. Er hatte eine klare und konkrete Vorstellung von dem, was Rundfunk als geistige Verpflichtung bedeuten soll.

Füße im Eimer mit kaltem Wasser

Was es nicht alles gegeben hat – bei »Radio Munich«. Gemeint sind vor allem personelle Überraschungen, sowohl auf deutscher wie auch auf amerikanischer Seite.
Da fiel beim Sportfunkleiter Josef Kirmaier ein Berichterstatter auf, der in weißen Handschuhen herumlief und sich wie ein Lord benahm. Aus diesem Grunde glaubte Kiri – wie der erste Sportchef im Funkhaus genannt wurde –, diesen Herrn Miller nur für Tennis und Landhockey einsetzen zu können. Feiner Mann für feinen Sport. Nicht lange allerdings. Die Polizei verhaftete ihn eines Tages in der Sendlinger Straße, wo er wohnte. Miller war als Mörder einer schlesischen Baronin entlarvt worden. Das Urteil des Schwurgerichts in der Prielmayerstraße: lebenslängliche Haft.
Entpuppt wurde auch ein amerikanischer Radio-Control-Officer, der Mr. Wehlen hieß. Er hatte bei »Radio Munich« auch etwas mit den politischen Kommentaren zu tun. Plötzlich stellte sich heraus, daß er ein Prager Ost-Agent war. Dieser Mr. Wehlen hatte auch dem deutschen Radio-Kommentator der ersten Nachkriegsjahre, Herbert Gessner, Material für seine kritischen Bemerkungen geliefert. Dieses stammte manchmal aus der Widenmayerstraße 25, dem Sitz der KPD. Gessner wurde eines Tages eine NS-Verleumdung gegenüber dem Bruder des bayeri-

schen Staatsministers Dr. Anton Pfeiffer zum Verhängnis. Binnen drei Stunden mußte Gessner für immer das Funkhaus verlassen. Später fand er im Ostberliner Sender, also in dem Haus, in dem sich jetzt der »Sender Freies Berlin« befindet, Arbeit. Gessner starb als Mittvierziger.

Walter von Cube wird Chefredakteur

Nur sechs Monate gab es bei »Radio Munich« als Nachfolger von Felix Buttersack einen Chefredakteur namens Egel. Auch er mußte eines Tages von einer Stunde auf die andere seine Sachen packen, weil die Amerikaner auf Grund von abgehörten Telefongesprächen festgestellt hatten, daß er Kontakte zu sowjetzonalen Stellen unterhielt.
Im Februar 1948 begann ein neues Kapitel in der bayerischen Rundfunkgeschichte. Von der »Neuen Zeitung« kommend, übernahm Walter von Cube die Chefredaktion. Er wurde Nachfolger von Egel. In der Schellingstraße, wo das hervorragend aufgemachte und geschriebene Blatt der US-Militärregierung erschien, das von einem Habe und einem Wallenberg geprägt wurde, dort ist von Cube im Kreis von ausgezeichneten Journalisten Ressortchef und Leitartikler gewesen. Im Münchner Funkhaus, wo er dann als Nachfolger von Rudolf Schneider-Schelde erst Programmkoordinator und dann Programmdirektor wurde, hat sich Walter von Cube einen weit über die Landesgrenzen bekannten Namen als scharfsinniger Beobachter des Geschehens, spitzfindiger Aufspürer von Zusammenhängen, mutiger und für manchen unangenehmer Kritiker von politischen Entscheidungen und vorausschauender Deuter von Zukunftsperspektiven gemacht.
Am 10. Juli 1906 in Stuttgart geboren, war er deutsch-baltischer und niederbayerischer Abstammung. Sein Vater, ein Arzt, ist Deutsch-Balte, seine Mutter – die Tochter des aus Landhut stammenden Bildhauers Schmidbauer – Niederbayerin gewesen. Diese Mischung machte aus Walter von Cube einen besonderen

Menschen, einen Meister im Schreiben und ein Original in und außerhalb seines Chef-Zimmers.

»Cubescher Kommentar« sehr gefragt

Aus dem Chefkommentator Walter von Cube war im Bayerischen Rundfunk nach Meinung von Dr. Ernst Müller-Meiningen ein »trefflicher Provokateur« geworden. Wer hat nicht über zwei Jahrzehnte mit Spannung und Neugier seinen Wochenkommentar im Hörfunk erwartet? Es gab viele Menschen, die am Samstag erst ausgingen, wenn sie den subtilen Meister der Sprache gehört hatten.

Die Entstehung eines Cubeschen Kommentars war ein schwieriges, ein kunstvoll zustande gekommenes Werk. Beileibe nicht in ein paar Stunden geschrieben. Zwischen Montag und Samstag zog sich die Wort-Montage hin. Auf dem Schreibtisch standen links die Tabakspfeifen, rechts ein Mokka-Kännchen und ein Täßchen aus feinem Prozellan. Vor Cube ein Riesenblatt Papier. Auf der linken Seite Worte als gedankliche Ausgangspunkte für Sätze, die rechts in einer Art »Komposition« niedergeschrieben wurden. Es wurde gestrichen und ergänzt. Und das oft über Tage.

Von Michelangelo wird berichtet, daß er beim Malen von Fresken an Deckengewölben stundenlang auf dem Rücken gelegen ist. Hinterher ließ er sich massieren. Die Wort-Werke Cubes kosteten dem Chefkommentator auch Schweiß und Kraft. Wenn es ihm am Körper und im Kopf zu heiß wurde, dann ließ er sich einen Eimer mit kaltem Wasser bringen, in den er seine Füße stellte, um somit erfrischt an die nächsten Satzgebilde zu gehen. Spitzweg hätte seine Freude an einem solchen »Modell« gehabt. Es war keine Seltenheit, daß der Kommentar erst im letzten Moment fertig wurde. Auch für die engsten Mitarbeiter, die oft kurz vor der Sendung noch hin und her rennen und telefonieren mußten, war der Kommentar ein »schwieriges Werk, das oft unter Wehen geboren wurde« – wie Cubes damalige Mitarbeiterin Olga Kern zu erzählen weiß.

Freudentränen im Landtag

Vielleicht hätte Walter von Cube den erwähnten Eimer gar nicht gebraucht, wenn nicht die Waage eine rapid nach oben zeigende Gewichtskurve ausgewiesen hätte. Gut erzogene Rundfunkleute versuchten selbstverständlich nicht, in den damaligen Mini-Lift im Riemerschmid-Bau einzudringen, wenn der Programmdirektor, gar noch mit seinem reinrassigen Setter, in der Kabine Steh-Platz genommen hatte.

Was seinen Lebensstil anbelangt, so war von Cube mit der Zeit nun mehr Deutsch-Balte als Niederbayer. Eines Tages machten sich der Programmdirektor und das Mitglied des Verwaltungsrates des Bayerischen Rundfunks, Josef Kiefer, auf den Weg zu einer ARD-Sitzung in Frankfurt. Kurz bevor der Wagen in das Würzburger Gebiet kam, fragte Kiefer den Programmdirektor, ob man nicht bei seinem Bruder kurz Halt machen sollte. Cube war einverstanden. Beim Bruder Kiefer gab es unterfränkische Bratwurst, die dem hohen Gast aus dem Funkhaus ausgezeichnet schmeckte. Und so mußte die gastfreundliche Hausherrin noch zweimal zum Metzger gehen. Inzwischen war die Uhr natürlich nicht stehengeblieben. Die Zeitlage richtig erfassend, meinte von Cube, es habe wohl keinen Sinn mehr, nach Frankfurt zu fahren. Und so ging es dann wieder Richtung München.

Cube genoß es, am Schreibtisch mit Ruhe und in Muße – ungestört durch Etat- und Personalprobleme – Zeitung zu lesen. Als Redakteur des »Berliner Tageblatt« hatte er ja 1924 seine journalistische Laufbahn begonnen. Auch damals schon ein Original. Im »Romanischen Café« kochte er manchmal zu mitternächtlicher Stunde schmackhafte Suppen.

Verwaltungskram liebte er nicht. Es bereitete ihm auch keine besondere Freude, Briefe beantworten zu müssen. Sein Urprin-

zip lautete: Alles erledigt sich doch schließlich von selbst. Die journalistische Aussage stand im Mittelpunkt seiner Arbeit.
Im Mai 1949 rief er durch seine Ablehnung des Grundgesetzes lebhafte Proteste hervor, befand sich aber in Übereinstimmung mit der CSU-Mehrheit im Bayerischen Landtag. Erneut gab er sogar in Bonn Anlaß zu Kritik, als er sich im September 1950 dahingehend äußerte, der »Eiserne Vorhang« solle endlich »dichtgemacht« werden, um wenigstens die Bundesrepublik immun gegen östliche Einflüsse zu halten. Cube mied Wiedervereinigungsparolen.
Im Juli 1949 stand die Spitze des BR wegen eines aus der damaligen »Bonbonniere« gesendeten Kabarettprogramms im Mittelpunkt des Unmuts im Bayerischen Landtag. Adolf Gondrell hatte über die Farben der jungen Bundesrepublik gespottet. Bei Schwarz-Rot-Gold sähen die Roten schwarz und die Schwarzen rot. Wenn man die Farben auf einer optischen Scheibe schnell drehe, so vermischten sie sich zu braun. Das war für viele eine Herabsetzung der Bundesfarben.
In der Landtagsdebatte wurde von Abgeordneten dem Rundfunk vorgeworfen, er sei so selbständig geworden, daß er die Verbindung zum Volke verloren habe. Aber siehe da: Bayerns Kultusminister Alois Hundhammer nahm den Chefredakteur Walter von Cube in Schutz. Cube sei schließlich der »am meisten beachtete Kommentator aller deutschen Sender«. Und der Minister meinte, »ein Rundfunkkommentator könne niemals überparteilich sein«. Walter von Cube starb am 11. Juni 1984 in Quinten, im Schweizer Kanton St. Gallen.
Die Erinnerungen sollen mit einem sich wohl kaum zu wiederholenden Vorgang im Bayerischen Landtag abgeschlossen werden. Kurz vor Pfingsten 1949 ging es um einen Antrag des Abgeordneten Max Rief (freie parlamentarische Vereinigung der WAV-Dissidenten), in dem verlangt wurde, daß 50 Prozent der Einnahmen des Bayerischen Rundfunks ausschließlich zum Zwecke sozialen Wohnungsbaues abgeführt werden sollten. Im kulturpolitischen Ausschuß wurde der Antrag abgelehnt, im Plenum dagegen mit Mehrheit angenommen.

Zuvor hatte Rief auf Zwischenrufe mit folgendem Satz reagiert: »Ich werde nicht aufhören, wie Moses in der Wüste an die steinernen Herzen zu schlagen, bis das Wasser fließt.« Nun, nach der Abstimmung im Plenum floß dem Abgeordneten das Wasser aus den Augen. Er konnte seine Freudentränen nicht zurückhalten. Einen solchen »weinenden Moses« dürfte wohl das Hohe Haus hoch über der Isar nie wieder erleben. Und in den sozialen Wohnungsbau werden auch in Zukunft keine Rundfunkeinnahmen fließen.

18. Geiselgasteig brennt!

Erinnerungen an Münchens Filmstadt in den Jahren 1945 bis 1949

Ist denn überhaupt nichts los in Geiselgasteig, dem bayerischen Hollywood? So fragte man sich in den ersten Jahren nach Ende des Zweiten Weltkrieges. Es wurde nicht gefilmt und nicht gebaut. Es gab nicht einmal eine Produktionsleitung, die Drehpläne auszuarbeiten hatte. In Geiselgasteig, Münchens so schön gelegener Filmstadt, schienen die weiten Aufnahmehallen ausgestorben. Wo Scheinwerfer einst flammten und Musik erklang, wo Künstler, Techniker und Handwerker ein verwirrend buntes Leben boten, ruhte die Arbeit. Zerbrechliche Eintagsbauten von Filmkulissen standen halb verfallen und farbverwaschen im Freigelände herum. Und doch: Es geschah manches in Geiselgasteig, denn die Amerikaner wußten sehr wohl um die Bedeutung des Films, der während des »Dritten Reiches« einen besonderen Platz in der Verführung des deutschen Volkes durch die Nazi-Machthaber erhalten hatte.

In Geiselgasteig hatte die Film-, Theater- und Musikabteilung der amerikanischen Militärregierung unter dem US-Oberstleutnant Rogers ihren Sitz. Von hier aus wurde der Verleih sämtlicher in der amerikanischen Zone zur Aufführung gelangenden Filme organisiert. Hier wurden Kopien hergestellt und mit deutschen Titeln versehen. In der Synchron-Abteilung sprachen deutsche Schauspieler die Texte zu Kurz- und Kulturfilmen. Das Bildmaterial für die Wochenschauen lief hier zusammen und wurde zu den »Welt im Film«-Berichten verarbeitet. Eine Dokumentar-Filmabteilung, deren wohl bedeutendstes Werk der Film »Todesmühlen« (eine grauenhafte Erinnerung an die KZ) gewesen ist, entfaltete eine vielseitige Tätigkeit.

Geiselgasteig hatte in den Jahren 1920 bis 1950 immer etwas im Schatten anderer deutscher Filmzentren gestanden, vor allem im Schatten von Neubabelsberg in Berlin, wo die Ufa und die TOBIS ihre Werke produzierten. Es ist Peter Ostermayer, der

Sohn eines Münchner Fotografen, gewesen, der 1920 unter 22 Grundstücken das von Geiselgasteig aussuchte, um hier eine neue Ära des Stummfilms einzuleiten. Malerische Felspartien, wild bewachsene Hänge zu beiden Seiten des romantisch zerklüfteten Isartales, dichte Nadelwälder, reizvolle Baumschläge, Forste und Tieridylle – das war Geistelgasteig in der Zeit seiner »Entdeckung«. Wenn die Isar zu plaudern begänne, dann würden »Götter, Dirnen und Weiber«, die »Apachenbraut Lola«, die »Löwen von Venedig« oder der »Spion der Pompadour« wieder auferstehen. Die Pariser Altstadt, der Markusplatz, St. Petersburg, der Kreml, indische Paläste und maurische Gärten, mußten sich, schlecht und recht, in die Isarlandschaft hineinbauen lassen. Das war die Stummfilmzeit.

Tonfilm ab 1928

Der Tonfilm wurde zwischen den Jahren 1928 und 1931 in Geiselgasteig eingeführt. Sieben neue Ateliers wurden geschaffen. Um die Naturkulisse kümmerte man sich jetzt weniger. Mit dem Zweiten Weltkrieg schien fürs erste die romantisch-trübe Geschichte Geiselgasteigs ein Ende gefunden zu haben. Und so fragte man sich 1945/46: Ist denn in Geiselgasteig überhaupt nichts mehr los?

»Wir Amerikaner erwarten viel vom deutschen Film. Wenn es nicht so wäre, säße mancher von der Film-Section schon wieder in den Staaten.« So die Aussage von Eric R. Pleskow, der zusammen mit Erich Pommer für die Filmproduktion und Synchronisation in Geiselgasteig verantwortlich zeichnete. Beide waren Beauftragte der amerikanischen Militärregierung. Erich Pommer war vor 1933 einer der bekanntesten Filmproduzenten Deutschlands. Die Emigration hatte aus dem heiteren einen ernsten, ja etwas verbitterten Menschen gemacht.

Die Amerikaner hatten gemeint, daß in dieser einzigartigen Situation, nach einem befreiten Aufatmen vom Joch des Dritten Reiches, deutsche Filmkünstler in Scharen als Pioniere auftreten würden, um eine interessierte Kunstwelt nicht zu enttäuschen. Weit gefehlt. Und so staunten die Amerikaner: Von den zahlreichen Filmproduzenten und -regisseuren bemühte sich nur ein verschwindend kleiner Teil um eine Lizenz. Der weitaus größere hockte irgendwo auf einem Landsitz und fand, daß das Filmen sich »zur Zeit nicht lohne«. Dann wurde auch noch hochgeschätzt, daß nur etwa 1800 Lichtspielhäuser in allen Besatzungszonen zur Verfügung stünden. In guten Zeiten gab es 7000 Kinos mit über zwei Millionen Plätzen. Woher sollte also der Verdienst kommen? Und deshalb 1946 die Meinung: Mit dem Film kann man keine lohnenden Geschäfte machen. Dazu die Scherereien bei der Materialbeschaffung, bei Behörden, bei Engagements. Einer, der bereits 1946 unbedingt wieder schauspielern wollte, war Ferdinand Marian. Aber er durfte vorerst nicht, weil er in dem 1940 produzierten Film »Jud Süß« die Hauptrolle gespielt hatte. Ferdinand Marian stellte im Frühjahr den Antrag, die Militärregierung möge ihm wieder Auftritte erlauben. Mit einem Chauffeur holte ich Ferdinand Marian in der Franz-Josef-Straße ab, um ihn nach Geiselgasteig zu bringen. Die Amerikaner hatten nämlich beschlossen, mit Ferdinand Marian gemeinsam »Jud Süß« anzusehen und mit dem Schauspieler über den Film zu sprechen. Ich erinnere mich noch gut: Ferdinand Marian erzählte den in einem Vorführraum von Geiselgasteig anwesenden fünf Amerikanern, daß er niemals ein Nazi gewesen sei. Er habe die Jud-Süß-Rolle nicht spielen wollen, doch Joseph Goebbels, der NS-Propagandaminister, habe ihn in Berlin zu sich gerufen und erklärt: »Sie spielen den Süß, sonst spielen Sie überhaupt nicht mehr.« Darauf habe es für den Schauspieler Marian, dem sein Beruf über alles ging, keine Antwort mehr gegeben. In Geiselgasteig wies Marian darauf hin, daß er versucht habe, die von den Nazis gewünschten Schärfen abzuschwächen. Er habe sich bemüht, seine Rolle menschlich aufzufassen. Auf Wunsch der Amerikaner wurde der Film »Jud Süß« (Regie Veit Harlan) mehrfach unterbrochen, um von Ferdinand Marian eine Antwort auf die Frage zu erhalten ». . . war für Sie diese Szene menschlich?« Ferdinand Marian fuhr sehr bedrückt nach Schwabing zurück. Er sah seine Karriere beendet. Doch Anfang August 1946 stellten ihm die Amerikaner die Spielerlaubnis in Aussicht. Ferdinand Marian hatte keine Gelegenheit mehr, eine Bühne zu betreten. Am 9. August 1946 verunglückte er drei Kilometer vor Freising tödlich mit seinem Auto.

1946/47 erlebte Geiselgasteig allmählich ein Stelldichein von Prominenten. Man verspürte in der Tat einen beginnenden Aufbruch. Hans Albers machte die Tür auf, und frischer Wind wehte durch den Raum. Gustav Fröhlich, Paul Dahlke, Curd Jürgens, Karl Schönböck, Victor Staal, Rolf Moebius und andere tauchten auf. Die Frauen standen ihnen nicht nach. Jenny Jugo und Giesela Uhlen, Adelheid Seeck und Gabriele Reismüller, Ingeborg von Kusserow und Alice Treff machten Stippvisiten. Lothar Brühne kam voller musikalischer Einfälle.

In einer Pressekonferenz hatte Erich Pommer für 1947 acht deutsche Filme in der amerikanischen Zone angekündigt. Geiselgasteig und Berlin-Tempelhof sollten zu Zentren des deutschen Films ausgebaut werden. Lizenzen hatten in erster Linie solche Produzenten zu erwarten, die möglichst ein vollständiges Ensemble von Schauspielern, technischem Personal und Fachkräften nachweisen und etwa die Hälfte der Finanzierung selbst bestreiten konnten. Für den restlichen Betrag sollten Banken interessiert werden. Erich Pommer sagte frei heraus, daß Propagandafilme, daß Stoffe aus der Nazizeit nicht mehr auf die Leinwand kommen würden. Wegen des knappen Geldes würden auch reine Unterhaltungsfilme im Stil des Wiener Operettenmilieus kaum Eingang in die Produktion finden. Das Verhältnis zu ausländischen Filmen sollte so geregelt sein, daß von 100 vorgeführten Filmen 50 aus Amerika, 20 aus England und 15 aus Frankreich eingeführt werden. Für deutsche Produzenten verblieben somit 15 Filme. Bis Oktober 1946 sollten allein in München eine Million Meter Rohfilme monatlich produziert werden.

Das mit den Rohfilmen klappte jedoch nicht so wie von den Amerikanern angekündigt. Ende 1946 faßte der Produzent Jacob Geis den Entschluß, den ersten Nachkriegs-Spielfilm in Geiselgasteig drehen zu lassen. Titel: »Zwischen gestern und morgen«, Regisseur: Dr. Harald Braun, Hauptdarstellerin: Hildegard Knef.

Eines Tages erfuhr Geis von Erich Pommer, daß Rohfilm nur noch für 14 Tage da wäre. Die Korrespondentin vom damaligen »Radio Munich«, Katja Flick, die, was ihren Elan und Humor anbelangte, bis in die 60er Jahre von keinem Kollegen übertroffen wurde wußte auch um die Rohfilm-Misere. Sie unterrichtete den damaligen bayerischen Wirtschaftsminister Dr. Rudolf Zorn. Die Fürsprache der erfahrenen Journalistin alter Ufa-Zeiten führte zu einem schnellen Erfolg. Dr. Zorn besorgte russischen Rohfilm gegen eine bayerische Turbine. Zur gleichen Zeit konnte für das »Münchner Magazin« Papier vom Dachauer Fabrikanten Nikolaus erhalten – und zwar für eine Zuzugsgenehmigung, die der bekannte Industrielle einer Nichte aus Thüringen zukommen lassen wollte. Turbine oder Zuzug – man wußte sich 1946 gegenseitig zu helfen.

Pläne 1948

1948 kam die Währungsreform, und vieles wurde anders. Da gab es plötzlich Pläne für eine neue Filmstadt vor München. Sie sollte bei Wolfratshausen, und zwar auf dem Gelände der früheren Methan-Industrie-GmbH errichtet werden. Konkurrenz für die Bavaria-Filmgesellschaft? »Für Geiselgasteig sind wir keine Konkurrenz. München wird nur profitieren«, meinten die Planer. Nun, aus der Idee »Vom Methan zur Traumfabrik« wurde nichts. Wolfratshausen erhielt keine »Film-Goldgrube« vor ihren Toren.

1949 startete Konstantin Prinz von Bayern eine neue Aktion zugunsten von Geiselgasteig. Er wollte München zum deutschen Filmzentrum machen. Ja, er ging noch weiter und sah die Isarmetropole als europäische Filmstadt – sozusagen im Schnittpunkt Rom–Paris. Es gab damals auch Stimmen, die auf eine Abwanderungsgefahr der Filmindustrie nach Norden aufmerksam machten.

2. Juli 1949. Man war in einer Atelierhalle in Geiselgasteig

gerade dabei, eine Szene zu drehen, in der ein Faschingsfest unter dem Motto »Untergang von Pompeji« dargestellt wurde. Die Hauptattraktion sollte ein Zimmerfeuerwerk sein, das den Ausbruch des Vesuvs anzudeuten hatte. Es wurde mehr als nur ein karnevalistischer Film-Knalleffekt. Plötzlich war die Halle in Flammen und Rauch gehüllt. Ein Aschenregen ergoß sich auf Stars, Komparsen und Techniker. 17 Münchner Feuerlöschzüge verhinderten ein Übergreifen der Flammen auf weitere Atelierbauten. Verwirrt stand Brigitte Horney inmitten der geretteten Requisiten. Der Schaden belief sich auf 1,5 Millionen Mark. Wie durch ein Wunder wurden Personen nicht verletzt.
Ende 1949 fragte ich einmal Erich Kästner, ob sich nicht ein Drehbuchautor finde, der lustige Begebenheiten unserer Schwarzmarktzeit zu einem Filmstoff verarbeiten könnte. Die Italiener zum Beispiel verstünden es doch so prächtig, über sich selbst zu lachen. Erich Kästner schaute mich an, lächelte und meinte: »Glauben Sie wirklich, daß sich der Deutsche im Film verulken läßt?« Wie wahr. Auch heute noch.

19. Anhang: Lizenzierungen der bayerischen Zeitungen 1945–1948

Auf ähnliche Weise und überall mit den gleichen Problemen der »Kandidatensuche« und der Druckerei- und Papierbeschaffung, wie in Kapitel 2 beschrieben, hat die Abteilung, die Ernst Langendorf leitete, zwischen 1945–48 in 21 bayerischen Städten Zeitungen lizenziert, am Aufbau geholfen und betreut.

6. Oktober 1945: »Süddeutsche Zeitung«, München, Lizenzträger Dr. Franz-Josef Schöningh, August Schwingenstein, Edmund Goldschagg (zusätzlich im Juni 1946 Werner Friedmann).
8. Oktober 1945: »Hochland-Bote«, Garmisch-Partenkirchen, Georg Lorenz, Lothar Mayring
11. Oktober 1945: »Nürnberger Nachrichten«, Nürnberg, Dr. Josef Drexler (später noch Heinrich Merkel)
12. Oktober 1945: »Frankenpost«, Hof, Hans Seidel, Tibor Yost
23. Oktober 1945: »Mittelbayerische Zeitung, Regensburg, Karl Esser, Dr. Debus
26. Oktober 1945: »Oberbayerisches Volksblatt«, Rosenheim Ernst Haenisch, Leonhard Lang
30. Oktober 1945: »Schwäbische Landeszeitung«, Augsburg (jetzt »Augsburger Allgemeine«), Johann Wilhelm Naumann, Curt Frenzel
24. November 1945: »Mainpost«, Würzburg, Richard Seubert, Heinrich Merkel (ging nach Nürnberg), sein Nachfolger Dr. Meister, Hans Weber
24. November 1945: »Main-Echo«, Aschaffenburg, August Gräf, Dr. Wilhelm Engelhart
12. Dezember 1945: »Donau-Kurier«, Ingolstadt, Josef Lackas, Ludwig Emil Hansen
13. Dezember 1945: »Der Allgäuer«, Kempten, Caspar Rathgeb, Dr. Hans Falk

15. Januar 1946: »Isar-Post«, Landshut, Richard Schlochauer, Dr. Georg Pix
26. Januar 1946: »Neue Presse«, Coburg, Peter Maslowski, Johannes Langer
5. Februar 1946: »Passauer Neue Presse«, Passau, Dr. Hans Kapfinger
2. April 1946: »Fränkische Presse«, Bayreuth, Julius Steeger, Walter Fischer
24. April 1946: »Fränkische Landeszeitung«, Ansbach, Wilhelm Wiedfeld, Georg Abel, Willy Mehl
10. Mai 1946: »Südost-Kurier«, Bad Reichenhall, Josef Felder, Heinrich Haug
31. Mai 1946: »Der Neue Tag«, Weiden, Viktor von Gostomski, Anton Döhler
15. Juli 1946: »Der Volkswille«, Schweinfurt, Max Hoffmann, Dr. Karl Herz
13. November 1947: »Münchner Mittag«, München, Peter A. Stern (verstarb kurz nach der Lizenzierung), Hans Heinrich. – Nach der Umbenennung in »Münchner Merkur«: Dr. Felix Buttersack.
2. August 1947: »Niederbayerische Nachrichten«, Straubing, Hans Wetzel, Albert König.
10. August 1948: »Bamberger Volksblatt«, Bamberg, Prälat Dr. Georg Meixner, Wilhelm Rost
28. August 1948: »Deutsche Tagespost«, Augsburg, Johann Wilhelm Naumann
16. Juni 1948: »Abendzeitung«, München, Werner Friedmann.

20. Die Autoren

Ernst Langendorf, Jahrgang 1907, geboren in Weilrod (Taunus), kam 1925 nach Frankfurt/M. zur Ausbildung mit technischer Lehre und als Redaktionsvolontär zur Zeitung »Volksstimme«. 1929–30 Studium an der Akademie der Arbeit an der Frankfurter Universität; 1931–32 Redakteur in Frankfurt, dann in Hamburg beim »Hamburger Echo«, das wegen seiner antinationalsozialistischen Haltung im März 1933 verboten wurde. Er mußte sich vor den Nachstellungen der SA mehrere Wochen verstecken, im April 1933 Emigration: erste Station Paris. Mitarbeit an österreichischen und Schweizer Zeitungen, Übersetzer, Studien französischer Sprache und Geschichte an der »Alliance Française«. 1934 Ankunft auf der Baleareninsel Ibiza, Mitarbeit in einer einem Freund gehörenden Galerie (»Galerias Ibizencas«). Nach Ausbruch des spanischen Bürgerkriegs (1936) abenteuerliche Flucht in die Schweiz; da keine Aufenthaltsgenehmigung, 1937 zurück nach Paris, dort Mitarbeit an den von der Exilorganisation der SPD (Sopade) herausgegebenen »Deutschland-Berichten«, die das Ausland über die Entwicklungen im »Dritten Reich« informierten. 1938 Nachrichtenredakteur, Kommentator und Sprecher am »Sender der Deutschen Freiheitspartei«, der sich auf einem im Ärmelkanal kreuzenden englischen Fischkutter befand. 1939 laut »Reichsanzeiger« vom 17. Nov. d. Jrs. wegen »Gegnerschaft zum Nationalsozialismus« der deutschen Staatsangehörigkeit »für unwürdig« erklärt und ausgebürgert.
Nach Ausbruch des Krieges im September 1939 als Deutscher interniert, Aufenthalt in mehreren Lagern, darunter dem berüchtigten »Le Vernet« nahe Toulouse. 1940 Aix-en-Provence – Marseille im Transitlager »Les Milles«. Durch die Hilfe von Freunden erhielt er ein amerikanisches »Emergency Visa«; 1941 nach langem Warten von Lissabon aus per Schiff nach USA, Ankunft in New York, Anstellung im »Office of European Economic Research«. 1942 in die US Armee eingezogen. Amerika-

nischer Staatsbürger seit 1943. Mit einigen Kameraden fuhr er am 30. April 1945 in das noch unbesetzte München. Nach dem Waffenstillstand im Mai versetzt zu der Abteilung der US Militärregierung, deren Auftrag es war, die neue bayerische Presse durch einen Prozeß der Lizenzierung aufzubauen und zu betreuen; zunächst Presseoffizier, dann Chef der Abteilung (Press Branch), die zwischen 1945 und 1948 in 21 bayerischen Städten Zeitungen lizenzierte: Nach Auflösung der Militärregierung (1949) Dienst als Angestellter des State Departments (Außenministerium) beim Amt des »US Land Commissioners for Bavaria« in München. 1951 versetzt ins Amt des »US High Commissioners for Germany«, John J. McCloy in Bonn. 1953 schied er aus dem US Staatsdienst aus und übernahm die Stellung des Pressechefs beim Sender »Radio Free Europe« in München, Gründung der Zeitschrift »Osteuropäische Rundschau« und deren Chefredakteur für 23 Jahre.

Georg Wulffius, Jahrgang 1921, wurde in Reval, dem heutigen Tallinn (Estland) geboren. Der Vater war Deutsch-Balte, die Mutter Russin. Georg Wulffius wuchs dreisprachig (Deutsch, Russisch, Estnisch) auf. Nach dem Tod des Vaters kam er mit seiner Mutter 1928 zunächst nach München, bald aber nach Dresden. Dort besuchte er das Gymnasium, machte das Abitur und begann ein Ingenieurstudium. 1941 wurde er zur Wehrmacht eingezogen. Wegen seiner russischen Sprachkenntnisse setzte ihn die Luftwaffe zum Abhören des Funksprechverkehrs der sowjetischen Jagdflieger ein.
1944 geriet die Familie in politische Auseinandersetzungen mit dem NS-Regime, Georg Wulffius erlebte das Kriegsende im Sudetenland. Am 6. Mai 1945 rückten US-Truppen in Marienbad ein. Am nächsten Tag fragte Georg Wulffius den amerikanischen Stadtkommandanten, ob er eine Beschäftigung für ihn habe. Da gerade durch diese Gegend einer der großen Rückkehrströme der Ostarbeiter und der DP's (Displaced Persons) zog, war ein Dolmetscher, der russisch sprach, willkommen.

Im September 1945 kam Georg Wulffius zur amerikanischen Militärregierung nach München. Hier erlebte er die Gründung bzw. Zulassung der politischen Parteien. Er ist der einzige Deutsche, der über die damaligen Vorgänge aus eigener Erfahrung berichten kann. Die ersten Parteiveranstaltungen und auch spätere, die für die Entwicklung der Parteien bedeutsam waren, hat er als Berichterstatter erlebt. Die seinerzeitigen Aufzeichnungen und Berichte liegen den entsprechenden Kapiteln dieses Buches zugrunde.
Ab 1948 war Georg Wulffius Berichterstatter bei Radio Munich (ab 1. 1. 1949 Bayerischer Rundfunk), später Zeitfunkredakteur und seit 1980 Leitender Redakteur für die Öffentlichkeitsarbeit und Stellvertretender Leiter der Pressestelle des Bayerischen Rundfunks. Seit vielen Jahren ist Georg Wulffius Vorsitzender des Internationalen Presse-Clubs München.

21. Namensverzeichnis

Erwartungen

Kritische Rückblicke der Kriegsgeneration

Band 4 der Reihe »Dokumente unserer Zeit«, herausgegeben von Rudolf Birkl und Günter Olzog. 310 Seiten, Leinen, DM 29,50.

In diesem Band werden die Antworten von Persönlichkeiten der verschiedenen Berufe, Konfessionen und politischen Einstellungen auf die Fragen nach der eigenen Situation im Sommer 1945 und den damaligen Erwartungen in persönlicher und beruflicher Hinsicht sowie im Blick auf die politische und wirtschaftliche Zukunft des deutschen Volkes und die erkennbaren Perspektiven der Weltpolitik in Verbindung mit dem kritischen Rück- und Umblick im Sommer 1980 veröffentlicht. Eine faszinierende zeitgeschichtliche Dokumentation ist mit diesem Buch entstanden! Es antworten:

Hans Abich – Hans Bausch – Erik Blumenfeld – Ewald Bucher – Herbert Czaja – Hermann Dietzfelbinger – Wilhelm Ebert – Franz Ebner – Franz Ehrenwirth – Jens Feddersen – Heinrich Festing – Herbert Franke – Burghard Freudenfeld – Liselotte Funke – Volkmar Gabert – Heinz Galinski – Eugen Gerstenmaier – Leo Goodman – Bruno Heck – Peter Heidenberger – Hermann Heimpel – Hermann Höcherl – Antje Huber – Friedrich Wilhelm Hymmen – Gerd Kadelbach – Werner Klose – Oskar Kreibich – Heinz L. Krekeler – Ernst Maria Lang – Georg Lanzenstiel – Hanna-Renate Laurien – Gunthar Lehner – Eugen Loderer – Erich Lüth – Ulrich de Maizière – Hans Matthöfer – Kurt Meisel – Felix Messerschmid – Franz Meyers – Eberhard Müller – Heinz-Maria Oeftering – Heinz Dietrich Ortlieb – Erich Potthoff – Willy Purucker – Hans Raupach – Gotthold Rhode – Rolf Rodenstock – Josef Rommerskirchen – Otto Schedl – Günter Schmölders – Oscar F. Schuh – Stefan Schwarz – Johannes Steinhoff – Franz Josef Strauß – Gerd Tacke – Leonore Freiin von Tucher – Karl Ude – Werner Wachsmuth – Bernhard Weinhardt – Gerhard Wessel – Willi Weyer – Jürgen Wichmann – Fridrich Wittig – Franz Wördemann – Otto Wolff von Amerongen – Georg Wulffius.